普通高等教育“十一五”国家级规划教材

北大版长期进修汉语教材

Boya Chinese

Advanced

Second Edition | 第二版

博雅汉语·高级飞翔篇

李晓琪 主编
金舒年 陈 莉 编著

北京大学出版社
PEKING UNIVERSITY PRESS

图书在版编目(CIP)数据

博雅汉语·高级飞翔篇I/李晓琪主编;金舒年,陈莉编著. — 2版. —北京:北京大学出版社,2013.8

(北大版长期进修汉语教材)

ISBN 978-7-301-22998-9

I. 博… II. ①李… ②金… ③陈… III. 汉语 – 对外汉语教学 – 教材 IV. H195.4

中国版本图书馆CIP数据核字(2013)第182927号

书　　名	博雅汉语·高级飞翔篇 I(第二版) BOYA HANYU·GAOJI FEIXIANG PIAN
著作责任者	李晓琪　主编　金舒年　陈　莉　编著
责任编辑	欧慧英　张弘泓
标准书号	ISBN 978-7-301-22998-9/H·3357
出版发行	北京大学出版社
地　　址	北京市海淀区成府路205号　100871
网　　址	http://www.pup.cn　新浪官方微博:@北京大学出版社
电子信箱	zpup@pup.cn
电　　话	邮购部 62752015　发行部 62750672　编辑部 62752028
印刷者	河北博文科技印务有限公司
经销者	新华书店
	889毫米×1194毫米　大16开本　15印张　422千字
	2004年9月第1版
	2013年8月第2版　2025年6月第9次印刷
定　　价	66.00元

第二版前言

2004年，《博雅汉语》系列教材的第一个级别——《初级起步篇》在北京大学出版社问世，之后其余三个级别《准中级加速篇》《中级冲刺篇》和《高级飞翔篇》也陆续出版。八年来，《博雅汉语》一路走来，得到了同行比较广泛的认同，同时也感受到了各方使用者的关心和爱护。为使《博雅汉语》更上一层楼，更加符合时代对汉语教材的需求，也为了更充分更全面地为使用者提供方便，《博雅汉语》编写组全体同仁在北京大学出版社的提议下，于2012年对该套教材进行了全面修订，主要体现在：

首先，作为系列教材，《博雅汉语》更加注意四个级别的分段与衔接，使之更具内在逻辑。为此，编写者对每册书的选文与排序，生词的多寡选择，语言点的确定和解释，以及练习设置的增减都进行了全局的调整，使得四个级别的九册教材既具有明显的阶梯性，由浅入深，循序渐进，又展现出从入门到高级的整体性，翔实有序，科学实用。

其次，本次修订为每册教材都配上了教师手册或使用手册，《初级起步篇》还配有学生练习册，目的是为使用者提供最大的方便。在使用手册中，每课的开篇就列出本课的教学目标和要求，使教师和学生都做到心中有数。其他内容主要包括：教学环节安排、教学步骤提示、生词讲解和扩展学习、语言点讲解和练习、围绕本课话题的综合练习题、文化背景介绍，以及测试题和练习参考答案等。根据需要，《初级起步篇》中还有汉字知识的介绍。这样安排的目的，是希望既有助于教学经验丰富的教师进一步扩大视野，为他们提供更多参考，又能帮助初次使用本教材的教师从容地走进课堂，较为轻松顺利地完成教学任务。

再次，每个阶段的教材，根据需要，在修订方面各有侧重。

《初级起步篇》：对语音教学的呈现和练习形式做了调整和补充，强化发音训练；增加汉字练习，以提高汉字书写及组词能力；语言点的注释进行了调整和补充，力求更为清晰有序；个别课文的顺序和内容做了微调，以增加生词的重现率；英文翻译做了全面校订；最大的修订是练习部分，除了增减完善原有练习题外，还将课堂练习和课后复习分开，增设了学生练习册。

《准中级加速篇》：单元热身活动进行了调整，增强了可操作性；生词表中的英文翻译除了针对本课所出义项外，增加了部分常用义项的翻译；生词表后设置了“用刚学过的词语回答下面的问题”的练习，便于学生者进行活用和巩固；语言点的解释根据学生常出现的问题增加了注意事项；课文和语言点练习进行了调整，以更加方便教学。

《中级冲刺篇》：替换并重新调整了部分主副课文，使内容更具趣味性，词汇量的递增也更具科学性；增加了“词语辨析”栏目，对生词中出现的近义词进行精到的讲解，以方便教师和学习者；调整了部分语言点，使中高级语法项目的容量更加合理；加强了语段练习力度，增加了相应的练习题，使中高级语段练习更具可操作性。

《高级飞翔篇》：生词改为旁注，以加快学习者的阅读速度，也更加方便学习者查阅；在原有的“词语辨析”栏目下，设置“牛刀小试”和“答疑解惑”两个板块，相信可以更加有效地激发起学习者的内在学习动力；在综合练习中，增加了词语扩展内容，同时对关于课文的问题和扩展性思考题进行了重新组合，使练习安排的逻辑更加清晰。

最后，在教材的排版和装帧方面，出版社投入了大量精力，倾注了不少心血。封面重新设计，使之更具时代特色；图片或重画，或修改，为教材锦上添花；教材的色彩和字号也都设计得恰到好处，为使用者展现出全新的面貌。

我们衷心地希望广大同仁都继续使用《博雅汉语》第二版，并与我们建立起密切的联系，希望在我们的共同努力下，打造出一套具有时代特色的优秀教材。

在《博雅汉语》第二版即将出版之际，作为主编，我衷心感谢北京大学对外汉语教育学院的八位作者。你们在对外汉语教学领域都已经辛勤耕耘了将近二十年，是你们的经验和智慧成就了本套教材，是你们的心血和汗水浇灌着《博雅汉语》茁壮成长，谢谢你们！我也要感谢为本次改版提出宝贵意见的各位同仁，你们为本次改版提供了各方面的建设性思路，你们的意见代表着一线教师的心声，本次改版也融入了你们的智慧。我还要谢谢北京大学出版社汉语编辑室，感谢你们选定《博雅汉语》进行改版，感谢你们在这么短的时间内完成《博雅汉语》第二版的编辑和出版！

李晓琪

2012年5月

第一版前言

语言是人类交流信息、沟通思想最直接的工具，是人们进行交往最便捷的桥梁。随着中国经济、社会的蓬勃发展，世界上学习汉语的人越来越多，对各类优秀汉语教材的需求也越来越迫切。为了满足各界人士对汉语教材的需求，北京大学一批长期从事对外汉语教学的优秀教师在多年积累的经验之上，以第二语言学习理论为指导，编写了这套新世纪汉语精品教材。

语言是工具，语言是桥梁，但语言更是人类文明发展的结晶。语言把社会发展的成果一一固化在自己的系统里。因此，语言不仅是文化的承载者，语言自身就是一种重要的文化。汉语，走过自己的漫长道路，更具有其独特深厚的文化积淀，她博大、她典雅，是人类最优秀的文化之一。正是基于这种认识，我们将本套教材定名《博雅汉语》。

《博雅汉语》共分四个级别——初级、准中级、中级和高级。掌握一种语言，从开始学习到自由运用，要经历一个过程。我们把这一过程分解为起步——加速——冲刺——飞翔四个阶段，并把四个阶段的教材分别定名为《起步篇》（I、II）、《加速篇》（I、II）、《冲刺篇》（I、II）和《飞翔篇》（I、II、III）。全套书共九本，既适用于本科的四个年级，也适用于处于不同阶段的长、短期汉语进修生。这是一套思路新、视野广，实用、好用的新汉语系列教材。我们期望学习者能够顺利地一步一步走过去，学完本套教材以后，可以实现在汉语文化的广阔天空中自由飞翔的目标。

第二语言的学习，在不同阶段有不同的学习目标和特点。《博雅汉语》四个阶段的编写既遵循汉语教材的一般性编写原则，也充分考虑到各阶段的特点，力求较好地体现各自的特色和目标。

《起步篇》

运用结构、情景、功能理论，以结构为纲，寓结构、功能于情景之中，重在学好语言基础知识，为“飞翔”做扎实的语言知识准备。

《加速篇》

运用功能、情景、结构理论，以功能为纲，重在训练学习者在各种不同情景中的语言交际能力，为“飞翔”做比较充分的语言功能积累。

《冲刺篇》

以话题理论为原则，为已经基本掌握了基础语言知识和交际功能的学习者提供经过精心选择的人类共同话题和反映中国传统与现实的话题，目的是在新的层次上加强对学习者运用特殊句型、常用词语和成段表达能力的培养，推动学习者自觉地进入“飞翔”

阶段。

《飞翔篇》

以语篇理论为原则，以内容深刻、语言优美的原文为范文，重在体现人文精神、突出人类共通文化，展现汉语篇章表达的丰富性和多样性，让学习者凭借本阶段的学习，最终能在汉语的天空中自由飞翔。

为实现上述目的，《博雅汉语》的编写者对四个阶段的每一具体环节都统筹考虑，合理设计。各阶段生词阶梯大约为1000、3000、5000和10000，前三阶段的语言点分别为：基本覆盖甲级，涉及乙级——完成乙级，涉及丙级——完成丙级，兼顾丁级。《飞翔篇》的语言点已经超出了现有语法大纲的范畴。各阶段课文的长度也呈现递进原则：600字以内、1000字以内、1500~1800字、2000~2500字不等。学习完《博雅汉语》的四个不同阶段后，学习者的汉语水平可以分别达到HSK的3级、6级、8级和11级。此外，全套教材还配有教师用书，为选用这套教材的教师最大可能地提供方便。

综观全套教材，有如下特点：

针对性：使用对象明确，不同阶段采取各具特点的编写理念。

趣味性：内容丰富，贴近学生生活，立足中国社会，放眼世界，突出人类共通文化；练习形式多样，版面活泼，色彩协调美观。

系统性：词汇、语言点、语篇内容及练习形式体现比较强的系统性，与HSK协调配套。

科学性：课文语料自然、严谨；语言点解释科学、简明；内容编排循序渐进；词语、句型注重重现率。

独创性：本套教材充分考虑汉语自身的特点，充分体现学生的学习心理与语言认知特点，充分吸收现在外语教材的编写经验，力求有所创新。

我们希望《博雅汉语》能够使每个准备学习汉语的学生都对汉语产生浓厚的兴趣，使每个已经开始学习汉语的学生都感到汉语并不难学。学习汉语实际上是一种轻松愉快的体验，只要付出，就可以快捷地掌握通往中国文化宝库的金钥匙。我们也希望从事对外汉语教学的教师都愿意使用《博雅汉语》，并与我们建立起密切的联系，通过我们的共同努力，使这套教材日臻完善。

我们祝愿所有使用这套教材的汉语学习者都能取得成功，在汉语的天地自由飞翔！

最后，我们还要特别感谢北京大学出版社的各位编辑，谢谢他们的积极支持和辛勤劳动，谢谢他们为本套教材的出版所付出的心血和汗水！

李晓琪

2004年6月于勺园

lixiaoqi@pku.edu.cn

编写说明

《博雅汉语·飞翔篇》是由北京大学对外汉语教育学院教师编写、北京大学出版社出版的新世纪系列汉语精读课本“博雅汉语”中的高级本。本篇共有Ⅰ、Ⅱ、Ⅲ三册，前两册各10课，第三册8课，适合中等水平以上（相当于新HSK五、六级）的汉语学习者使用。

本书于2004年第一次出版发行，至今已8年有余。在这8年中，本书逐渐为广大汉语教师和汉语学习者所接受并喜爱，使用范围从国内扩大到了国外。这次，借着北京大学对外汉语教育学院庆祝建院10周年的时机，由北大出版社提议修订再版。这次修订，我们在多年使用的基础上，充分听取了使用者的意见和建议，本着便于教学和使用的原则，对部分内容和版式进行了调整，修改了原来教材中存在的一些问题，并替换了个别补充阅读的篇目。

在这里，我们觉得有必要再次强调本套教材的特点。汉语学习者在初、中等阶段，学习的一般都是编写者根据他们的水平编写或改写的语料，这样做的好处是教材很适合学习者的水平和需要，使他们学习起来得心应手。而具有中等以上水平的学习者，已经掌握了相当数量的词汇、汉语的基本语法结构及一般的表达方法，具有了比较高的听、说、读、写、译的能力和用汉语进行一般交际的能力，对中国社会和中国文化也有了一定程度的了解。他们迫切需要接触原汁原味的汉语语料，以进一步提高自己的阅读、理解和鉴赏能力，扩大并加深各方面的知识面和信息量。同时，《高等学校外国留学生汉语教学大纲》把对高级阶段学习者在阅读方面的教学目标规定为：“能读懂生词不超过4%、内容较为复杂、语言结构较难的原文，并能较为准确地理解文章的深层含义。”并规定了相应的教学内容：“学习反映当代中国社会生活和民族文化特点的多种题材、体裁、语体、风格的文章。”“提高词语辨析和运用能力。”“在语言表达上，由语段训练向语篇训练过渡，要求语言比较准确、得体。逐步注重相关的文化知识及语用知识的学习。”这些规定都表明，对高级水平的学生来说，能够在语言、文化等各个不同的层面上把握“中国人写给中国人看的东西”而非“中国人编给外国人看的东西”，应该是一个追求的目标。

鉴于高级阶段汉语学习者的特点和《教学大纲》的有关规定，我们在编写中，本着体现人文精神、突出人类共通文化的编写理念，以内容丰富深刻、语言典范优美的原文作为选择的对象，并注重所选语料的话题和体裁的多样性。在课文的编排上，既依据了先易后难、循序渐进的原则，同时也注意穿插安排各种内容、各种题材的文章，力求使学习者有丰富多彩的感觉，避免单一和乏味。

鉴于目前没有新的权威的词汇等级大纲的现状，在词汇方面，我们还是以《汉语水平词汇与汉字等级大纲》为主要参考对象。《飞翔Ⅰ》把《大纲》中的丙级难词、丁级词以及超出《大纲》的词作为每一课的生词，并适当控制了超纲词的数量。对生词的解释主要依据的是《现代汉语词典》、《应用汉语词典》和《现代汉语规范词典》；为了便于学生理解，有些词语还加了英语翻译。同时，我们还增加了近义词辨析的内容，目的是帮助学习者更加准确地运用这些词汇，同时也是为了让这一水平的学习者培养起区别近义词的意识，从而更加准确、得体地使用汉语词汇。

我们把课文中出现的专门名称、方言、俗语、典故和有关中国文化风俗等内容列入"注释"，并进行了简明扼要的解释。

在"语言点"这部分，我们解释并举例说明了课文中难用词语、句式的意义和语法；在有些地方，我们用"链接"的形式对这些词语或句式与相近的词语或句式进行解释或辨析，说明它们的相同或不同之处。另外，在每一个语言点的下面，我们都设计了若干个有语境的练习，使学习者在学完以后马上就能有实践的机会。

我们深知，输入的目的是为了更好地输出。所以，对于本册教材的练习，我们也进行了精心的设计。一方面提供了相当充足的习题量，另一方面也安排了丰富、新颖的练习形式。我们除了在"词语辨析"和"语言点"中设计了适当的练习以外，又把"综合练习"分为"词语练习"和"课文理解练习"两部分，并在本册中结合课文内容设计了由语段至语篇的循序渐进的练习过程。希望通过这些循序渐进的训练，有效提高学生的成段表达和语篇表达能力。这些练习并非要求学生全部完成，教师可以根据学生情况，有选择地要求学生完成其中的某些部分。

最后，为了扩充每一课的信息量，给学有余力的学习者提供课外学习的材料，同时也给教学留有余地，我们在本册每一课的最后都安排了"阅读与理解"。这部分所选用的文章也都是中文原作，并在文章的后面设计了相关的"阅读练习"，学习者可以通过练习进一步加深对文章的理解，引发思考和讨论。

以上就是我们编写本册教材的思路和具体做法。我们深知，一套真正的好教材必须经得起时间和使用者的检验。这次我们根据自己的经验和使用者的意见进行了修订，我们还将怀着诚挚的心情继续等待着各位的宝贵意见和建议。

在这里，我们要向北京大学出版社汉语编辑室以及责任编辑张弘泓老师、欧慧英老师致以深切的感谢，他们的热情鼓励、积极支持和辛勤劳动为本册教材的修订再版提供了更好的保证。

很多使用过本教材第一版的北京外国语大学的老师和北京大学的老师在这次修订过程中给我们提出了宝贵的意见和建议；还有一些北京大学的研究生写出了以研究本教材为内容的毕业论文或课程报告，他们的意见对我们来说也有重要的参考价值。在此一并向以上这些老师和同学们表示衷心的、诚挚的感谢！

衷心希望更多的汉语教师喜欢和使用我们的教材，也衷心希望学习者通过学习我们的教材使自己的汉语水平更上一层楼，早日实现在汉语的广阔天空中自由飞翔的美好梦想！

编　者

2012年仲春时节于北京大学

目录

1 父亲的谜语

课前思考

1. 你觉得父亲表达爱的方式和母亲有什么不同？
2. 从小到大你和父亲的关系是否有过变化？如果有变化，大约发生在什么时候？是什么样的变化？
3. 这篇课文讲述了一个女儿与父亲的感情变化历程。让我们走入他们的感情世界，感受一下其中的苦与乐吧。

课文

第一部分

小时候，父亲最爱教我猜谜语。

父亲有很多谜语。夏日的晚上，坐在星光笼罩着的院子里，最有趣的事是猜父亲的谜语。父亲笑眯眯地看着我，悠悠地念着他的谜语。我眨巴着眼睛，仰头对着那满天的星斗苦苦地寻找，谜底藏在哪里呢？再盯着父亲的眼睛瞧，觉得他那双笑眯眯的小眼睛也和夜空一样深邃、神秘。当我苦思冥想，觉得小脑瓜子发涨的时候，父亲便会**给予**巧妙的提示，直到我得意地叫起来，他也“嘿嘿”地笑了。

渐渐地，父亲的谜语很少能够难倒我了。只有一条谜语我猜不出。

“晚上关箱子，早上开箱子，箱子里面有镜子，镜子里面有个细妹子[①]。”

我想了半天想不出，问父亲：“怎么镜子里面有个细妹子呢？”

父亲笑着说：“你再听呀——”他把眼睛合上，“晚上关箱子，”又把眼睛睁开，“早上开箱子，”父亲把眼睛凑近我，“箱子里面有镜子，你仔细看看，镜子里是不是有个细妹子？”

我叫起来：“是眼睛，是眼睛。”

父亲说：“对。这是爸爸的眼睛。”

我问：“那我的眼睛又该怎么说呢？”

“晚上关箱子，早上开箱子，箱子里面有镜子，镜子里面有——”父亲摸摸饱经忧患而早白了的头发，说：“有个老头子。”

我把这个谜语拿去考小伙伴们，把最后一句改成“镜子里有个小狗子[②]”，也像父亲那样把眼睛**一**张**一**合地去启发他们。

每当我噘起了嘴，皱着眉头，一**副**烦恼忧愁的样子时，父亲便念起“关箱子，开箱子”，笑眯眯的眼睛一张一合，然后问我：“镜子里面有个什么呢？”我不作声，他便猜：“巧克力？大苹果？洋娃娃？蝴蝶结？花裙子？有

	词语	拼音	词性	释义
1	谜语	míyǔ	（名）	供人猜测某个事物或文字的语句。riddle
2	夏日	xiàrì	（名）	夏天。
3	笼罩	lǒngzhào	（动）	像笼子似的罩在上面。 to envelop; to shroud
4	笑眯眯	xiàomīmī	（形）	形容眯着眼睛微笑的样子。
5	悠悠	yōuyōu	（形）	从容悠闲的样子。 leisurely; unhurriedly
6	眨巴	zhǎba	（动）	眨。to blink
7	星斗	xīngdǒu	（名）	星（总称）。
8	苦苦	kǔkǔ	（副）	竭力，一再地。
9	谜底	mídǐ	（名）	谜语的答案。
10	盯	dīng	（动）	把视线集中在一点上；注视。
11	深邃	shēnsuì	（形）	形容很深；深奥。（深邃——深刻）
12	苦思冥想	kǔ sī míng xiǎng		深沉地思索。也说冥思苦索或冥思苦想。
13	脑瓜子	nǎoguāzi	（名）	脑袋，也说脑瓜儿 。
14	发涨	fāzhàng	（动）	本课指（头部）充血，比喻不清醒。也说头昏脑涨。
15	给予	jǐyǔ	（动）	给（gěi）。也作给与。
16	提示	tíshì	（动）	把对方没有想到或想不到的提出来，引起对方注意。（提示——提醒）
17	得意	déyì	（形）	称心如意；感到非常满意。（得意——满意）
18	妹子	mèizi	（名）	本课指女孩儿。
19	凑	còu	（动）	接近。
20	饱经忧患	bǎo jīng yōuhuàn		经历过很多困苦患难。
21	老头子	lǎotóuzi	（名）	年老的男子。
22	伙伴	huǒbàn	（名）	同伴；共同参加某种组织或从事某种活动的人。
23	噘	juē	（动）	翘起（嘴唇）。to stick up
24	眉头	méitóu	（名）	两眉附近的地方。
25	烦恼	fánnǎo	（形）	烦闷苦恼。（烦恼——苦恼）
26	忧愁	yōuchóu	（形）	因遭遇困难或不如意的事而苦闷。
27	洋娃娃	yángwáwa	（名）	儿童玩具，模仿外国小孩儿的相貌、服饰做成的小人儿。
28	蝴蝶结	húdiéjié	（名）	形状像蝴蝶的结子。bowknot

小鹿的铅笔刀……”我小小的心总会被其中某样东西引得高兴起来。父亲将他们“变”出来时，我问他：“你怎么就猜得出我镜子里面是什么呢?”父亲的眼睛神神秘秘，仿佛可以给我变出许许多多快乐和光明。

第二部分

可后来有一次父亲猜不出了。因为我长大了，心里有扇小门儿悄悄地开了。一个影子从眼睛投到了心里，抹也抹不掉，可影子“他”却全然不知。陡然觉得父亲带给我的光明黯淡了，我心里只对那个人说：“没有你呀，我就是黑暗。”父亲做的饭菜也不香了，涩涩地咽不下去。父亲问：“谁欺负我们的细妹子了?”我忽然觉得委屈得不行[3]，眼泪吧嗒吧嗒掉下来。父亲逗我：“千根线，万根线，落到地上看不见[4]。细妹子的眼睛下雨啦。”可我觉得满心都是无法开释的烦恼，一甩头跑进自己的房子里。父亲跟过来，拍拍我的头，问我：“怎么啦?”我嚷道：“我要死啦!”父亲笑了起来，说：“你小小年纪就说要死，爸爸这么老了，还想活100岁呢。哦哦哦，一定是有一件东西你很喜欢，又不肯跟爸爸说，对不对? 好，我来猜一猜。”

父亲数了好多东西，自然都不是我所要的。我怎么能告诉父亲，镜子里面有了个“臭小子”[5]呢? 因为父亲是无论如何不能将那颗心变到我的手心的。父亲继续在猜，可他还是猜不出来。我感到和父亲一下子遥远起来，原来父亲的力量也是有限的。我对父亲说：“你猜不中的，也变不出来，这回得靠我自己。”父亲笑眯眯的眼睛一下子变得那样忧郁。

有一天，我告诉父亲我要离开家，跟着那个人到离家很远的地方去。我是父亲的独生女，父亲老了，我应该留在他身边，我也舍不得离开父亲，可是我没有办法。父亲静静地听我说，浑浊的眼睛里什么表情也没有。半天才开口：“我知道有一天你要走的，女大不中留[6]啊。”临走的时候，他又说：“要是他待你不好，你就回家来。”

可是他待我很好，我和他在一起是那么幸福，幸福得常常以为世界上只有两个人。给父亲写信，也总是说我很快乐很快乐。有一次记起父亲的生日，想着要孝敬一下他老人家，便写信问父亲需要什么，说不管他要什么，

29 鹿	lù	（名）	deer
30 铅笔刀	qiānbǐdāo	（名）	削铅笔用的刀。
31 引	yǐn	（动）	惹。
32 抹	mǒ	（动）	擦。
33 全然	quánrán	（副）	完全地。
34 陡然	dǒurán	（副）	突然。
35 黯淡	àndàn	（形）	（光线）昏暗；（前途）不光明；（色彩）不鲜明。
36 涩	sè	（形）	像明矾或不熟的柿子那样使舌头感到麻木干燥的味道。 puckery; astringent
37 欺负	qīfu	（动）	用蛮横无理的手段侵犯、压迫或侮辱。
38 委屈	wěiqu	（形）	受到不应该有的指责或待遇，心里难过。
39 吧嗒	bādā	（拟声）	形容液体滴落的声音。
40 满心	mǎnxīn	（副）	整个心里（充满某种情绪）。
41 无法	wúfǎ	（副）	没有办法。
42 开释	kāishì	（动）	摆脱，排解（忧愁、烦恼等）；释放（被拘禁的人）。to set free (a prisoner); to release
43 甩	shuǎi	（动）	挥动。
44 小子	xiǎozi	（名）	男孩儿。
45 无论如何	wúlùn rúhé		表示不管条件怎样变化，结果始终不变。
46 手心	shǒuxīn	（名）	手掌的中心部分。
47 遥远	yáoyuǎn	（形）	很远。
48 有限	yǒuxiàn	（形）	数量不多，程度不高。
49 忧郁	yōuyù	（形）	忧伤，愁闷 。（忧郁——忧愁）
50 独生女	dúshēngnǚ	（名）	亲生的唯一的女儿。
51 浑浊	húnzhuó	（形）	（水，空气等）含有杂质，不清洁，不新鲜 。
52 表情	biǎoqíng	（名）	表现在面部或姿态上的思想感情。
53 开口	kāi kǒu		张开嘴说话。
54 孝敬	xiàojìng	（动）	孝顺尊敬长辈；把物品献给尊长，表示敬意。

女儿都会想尽办法“变”出来的。信投进邮筒后，我忽然生出一个荒诞的想法：假如父亲跟我要太阳、月亮，我也能“变”给他吗？当然父亲绝对不会跟我要这些的，我却因此嘲笑起自己的孝心来。猜一猜，父亲会要什么呢？

父亲来信了，我急急忙忙地拆开，只有四行字：

“晚上关箱子，

早上开箱子，

箱子里面有镜子，

镜子里面有个细妹子。”

那是父亲的眼睛，我怎么会猜不出呢？

（作者：刘蕊（ruǐ），选自《读者》，有改动）

55 邮筒	yóutǒng	（名）	信筒。postbox
56 荒诞	huāngdàn	（形）	极不真实；极不近情理。fantastic; absurd; incredible
57 假如	jiǎrú	（连）	如果。
58 嘲笑	cháoxiào	（动）	用言辞笑话对方。（嘲笑——讥笑）
59 孝心	xiàoxīn	（名）	孝顺的心意。filial sentiments; filial devotion

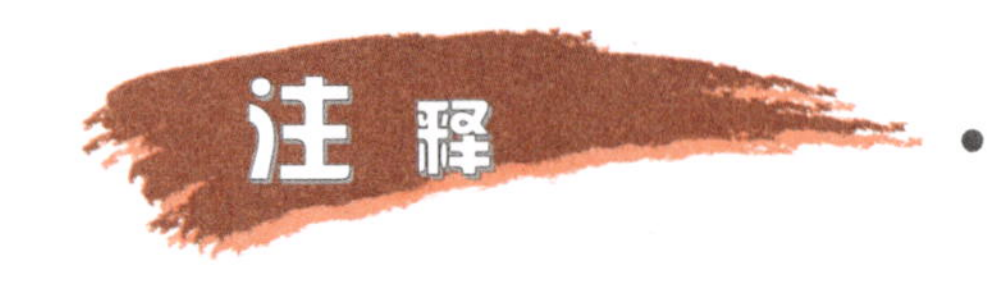

注释

① **细妹子 xìmèizi**：中国南方方言，指年龄小的女孩儿。小男孩儿被称为细娃子。

② **小狗子 xiǎogǒuzi**：方言，意思是小狗。文中指“我的小伙伴”。

③ **委屈得不行 wěiqu de bùxíng**：委屈得不得了。

④ **千根线，万根线，落到地上看不见 qiān gēn xiàn, wàn gēn xiàn, luòdào dìshang kàn bu jiàn**：这句话是一条谜语，谜底是雨。

⑤ **臭小子 chòuxiǎozi**：意思是“让人讨厌的男孩儿”，文中是表示亲昵的称呼。

⑥ **女大不中留 nǚ dà bù zhōng liú**：俗语，意思是女儿长大以后就应该嫁出去，不适合于留在家里。

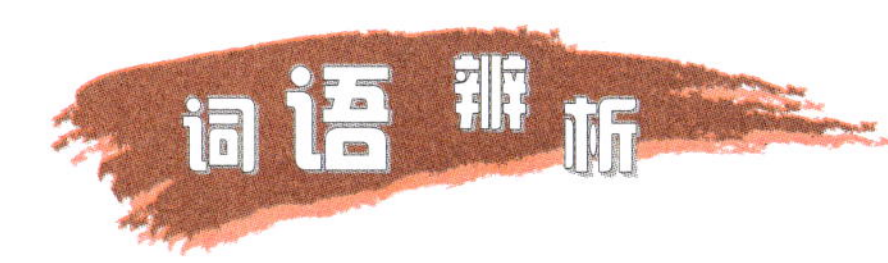

1 深邃——深刻

【牛刀小试：把“深邃”和“深刻”填入下面的句子中】

1.（　　）的大海辽阔而又神秘，足以引发人们无穷的遐想。

2. 历史的教训非常（　　），值得我们永远记取。

3. 30年来，中国社会发生的（　　）变化是有目共睹的。

4.《红楼梦》（　　）地反映了中国封建社会后期的社会面貌和人情冷暖。

5. 谁也摸不透这位老人（　　）的目光中所包含的内容。

【答疑解惑】

语义

都指道理、思想等高深。但侧重点不同，“深邃”形容事物本身很深、很远，既指空间的深远，又指环境的幽深，也指内心世界或眼光、智慧的深沉；“深刻”形容事物发展或达到的程度很深，或内心对于某人、某事的体会很深。

（1）看着深邃的夜空，他觉得他的心也越来越开阔，越来越宁静。

（2）随着社会的发展，人们的思想都发生了深刻的变化。

（3）那位目光深邃的老人给我留下了深刻的印象。

用法

都是形容词。但“深邃”常与“山林、山谷、江河、大海、夜空、目光、内心世界、智慧”等词搭配使用；“深刻”常与“变化 、变革、体会、认识、见解、印象、感受、教训”等词搭配使用。

（4）他的心就像大海一般广阔、深邃。

（5）夜晚，这片树林显得更加幽静、深邃了。

（6）这次航天试验失败给我们留下了深刻的教训。

（7）他在这个方面投入的精力多，问题看得比较深刻。

“深刻”可做状语；“深邃”则不可。

（8）人们日益深刻地感受到了改革给社会和家庭带来的影响。

语体

“深邃”常用于书面语，且书面语色彩比“深刻”浓厚。“深刻”书面语、口语都常用。

2 提示——提醒

【牛刀小试：把“提示”和“提醒”填入下面的句子中】

1. 在马路上，警察不断地（　　）路人要注意交通安全。
2. 我们都不知道这个问题的答案，请老师（　　）一下吧。
3. 临来中国之前，妈妈给了我一大堆的（　　），什么按时吃饭啦，注意冷热啦，早点睡觉啦，等等等等。
4. 每课课文的一开始就有一个重点（　　），告诉学生如何学习和掌握这一课的内容。

【答疑解惑】

语义

都有引起对方注意的意思。但“提示”侧重于把对方没有想到或应注意的要点提出来，使对方从不知道到知道；而“提醒” 侧重于把事情说出来，促使对方注意，提醒事情一般是对方已知的。

（1）老师给大家提示了一下考试的要点。

（2）晚上别忘了提醒我给王大姐打个电话。

用法

都是动词。但“提示”对象多为学习或对事物的理解方面；“提醒”对象多为重要的事情和易忘记的事情。

（3）经你一提示，我马上知道这道题该怎么回答了。

（4）爬山时，碰到路滑难走的地方，他总要大声提醒大家小心一点。

（5）多亏你提醒，要不然我早忘了明天该交作文了。

语体

“提示”多用于书面语； “提醒”书面语、口语都常用。

3 得意——满意

【牛刀小试：把“得意”和“满意”填入下面的句子中】

1. 小王（　　）洋洋地说，他已经拿到了IBM公司的聘用通知书。
2. 这是著名画家李先生的（　　）之作，售价当然不同于其他的作品。
3. 由于对导游的服务不（　　），游客们要求更换导游。
4. 换了一个老板后，小马在公司里越来越不（　　），最后还被炒了鱿鱼。

【答疑解惑】

语义

都指高兴、满足的心理状态。但“得意”多强调因自己的成功而喜悦或骄傲自满，有时含贬义色彩。“满意”则强调说话人觉得某种对象符合、满足自己的心愿，不带褒贬色彩。

（1）最后的结果还没出来呢，你们不要得意得太早。

（2）对于你的工作，大家都很满意。

用法

都是形容词。但“得意”一般用于自己或自己的东西；“满意”没有这种限制。

（3）这是他最得意的作品。（作品是他自己的）

（4）这是他最满意的作品。（作品可能是他自己的，也可能是别人的）

“得意”的固定搭配还有“得意洋洋/得意忘形/春风得意/自鸣得意”等。

4 烦恼——苦恼

【牛刀小试：把“烦恼”和“苦恼”填入下面的句子中】

1. 心里有了（　　）最好要告诉家人或朋友，不要闷在心里。

2. 顽固的疾病一直（　　）着他，使他的生活质量大为降低。

3. 积极乐观的人凡事都会往好的方面想，不会去自寻（　　）。

4. 别再因为失恋而（　　）你自己了，赶快振作起来吧。

【答疑解惑】

语义

都有“心情不好”的意思，但“烦恼”侧重表达烦闷，而“苦恼”侧重表达痛苦。

（1）他最近一段时间正在为失恋而烦恼（苦恼），你们有空多跟他聊聊。

（2）一段轻松愉快的音乐解除了我烦恼（苦恼）的心情。

用法

都是形容词，都不能重叠。另外，“烦恼”的固定搭配有“自寻烦恼”。

（3）想开点儿，别为这么一点小事苦恼你自己了。

（4）顽固的疾病苦恼着她，人生的乐趣已经荡然无存，生活质量大为下降。

5 忧郁——忧愁

【牛刀小试：把“忧郁”和“忧愁”填入下面的句子中】

1. 他是个性格（　　）的诗人，常常一个人坐在那里出神，别人很难走进他的内心世界。
2. 他正在为找不到理想的工作而（　　）呢，知道这个好消息一定会高兴坏了。
3. 她看人的时候，目光中总是带着一丝（　　）。
4. （　　）症是一种现代文明病，在大学生和白领中并不少见。

【答疑解惑】

语义

都有“不快乐”的意思。但“忧愁”着重指遇到麻烦和困难而发愁；“忧郁”着重指心里苦闷而不能发泄，因而郁郁不乐。

（1）自从她女儿病重住院以后，她一直很忧愁。

（2）他是一个忧郁的青年，终日闷闷不乐。

用法

都是形容词。都可形容人的脸色、心情。

（3）一看到他那副忧愁（忧郁）的表情，我也乐不起来了。

“忧愁”多用于具体的事情；“忧郁” 多用于形容人的性格。另外，“忧郁”还可以搭配成“忧郁症”。

（4）他总是那么乐观，即使遇到困难也不忧愁。

（5）他那忧郁的气质一下子吸引了她。

6 嘲笑——讥笑

【牛刀小试：把“嘲笑”和“讥笑”填入下面的句子中】

1. 千万不能用（　　）的口气去评价一个人的缺点，这会给对方造成很大的伤害。
2. 一个简单的动作做了几次都失败了，他不由得（　　）起自己来了。
3. 你就别吹牛啦，否则又该被别人（　　）了。
4. 每包坏一个饺子，他就自我（　　）一下，技术就是不见提高，真拿自己没办法。
5. 他用恶毒的语言（　　）对方，激起了对方的强烈愤怒。

【答疑解惑】

语义

都表示用言语笑话。但“嘲笑”侧重在嘲弄、取笑，语义较轻；“讥笑”是用尖刻的言辞去讥讽，比“嘲笑”带有更多的轻蔑色彩，语义更重，多用于贬义。

（1）发现我连稻子和麦子都分不清，村里的小孩儿全都嘲笑起我来。

（2）也有不少人冷言冷语地讥笑他，说他自我推荐当主任是想出风头。

用法

都是动词。“嘲笑”的适用范围较广，对象可以是别人，也可以是自己，可以是善意的，也可以是恶意的；“讥笑”的对象多是别人，一般来说是恶意的。

（3）那个孩子耳朵有点聋，说话不清楚，请你们别嘲笑他！

（4）读完这本书，仿佛进入了一片新天地，我不由得嘲笑起自己的无知来。

（5）因为他常常不懂装懂，所以有时候大家免不了要嘲笑他几句，提醒他改正自己的毛病。

（6）咱们不要怕别人讥笑，要坚持干下去。

（7）成功的人，面临的不仅是赞叹之语，而且还有讥笑之声。

语言点

1 父亲便会给予巧妙的提示。

【解释】给予：动词，书面语词，意思是“给”，后面常跟双音节动词。

【举例】给予支持/给予帮助/给予援助/给予鼓励/给予同情/给予治疗/给予答复/给予安慰/给予表扬/给予处理/给予指导/给予关心/给予考虑/给予严厉的批评/给予特殊的照顾/给予高度的评价

【练习】用“给予”完成句子：

（1）老师对上课经常迟到的同学____________________________。

（2）领导对你们的工作____________，认为这是今年研究所的重大成果之一。

（3）我们给学校去信提出了几个问题，但校方还没有____________________。

（4）这家公司对本届足球赛________________________________。

2 也像父亲那样把眼睛一张一合地去启发他们。

【解释】一……一……：分别用在意义相对的单音节动词前面，表示两方面的行动协调配合或两种动作交替进行。

【举例】一问一答 / 一唱一和 / 一起一落 / 一张一弛

【链接】"一……一……"分别用在意义相反的方位词、形容词等的前面，表示对应或对比。如：一左一右/一前一后/一南一北/一长一短/一胖一瘦/一大一小。

【练习】选用上面"一……一……"的短语填空：

（1）这两位主持人________，配合得非常好。

（2）他们两个人在会上________，完全是一个鼻孔出气。

（3）常言道：文武之道，________。既要好好儿学习，也要好好儿休息。

（4）两年之中，他发财了，又破产了，________，使他对人生有了很多感悟。

（5）姐妹俩________地跑进了院子。

（6）北京和上海这两座大都市，________，带动着中国的经济发展。

3 一副忧愁烦恼的样子

【解释】副：量词，搭配的名词既可是物品，也可是面部表情。

【举例】一副眼镜/一副对联/ 一副手套/ 一副象棋/ 一副笑脸 / 一副冷面孔/一副严肃的表情/一副神秘的样子

【练习】选用上面带"副"的短语完成句子：

（1）每逢春节，父亲总要亲自写________，贴在家里的大门上。

（2）孩子的眼睛有点儿近视，医生建议给他配________。

（3）他总是________，谁敢靠近他呢？

（4）那家小店的老板人很和气，无论见到谁，都是________，难怪他的生意越做越好。

4 抹也抹不掉。

【解释】动词$_1$+也+动词$_1$+不+动词$_2$/形容词：这个结构的意思是"即使……也……"。

【举例】（1）在这儿睡也睡不好，玩儿也玩儿不好，我想回去了。

（2）果园里的苹果多极了，摘也摘不完。

（3）我拦也拦不住，只好让他进去了。

【练习】用“动词$_1$+也+动词$_1$+不+动词$_2$/形容词”结构完成句子：

（1）作业太多了，________________________。

（2）这件衣服真脏，________________________。

（3）我学游泳学了好长时间，可是______________，只好放弃了。

（4）这件不愉快的事给我留下了深刻的印象，________________。

5 陡然觉得父亲带给我的光明黯淡了。

【解释】陡然：副词，书面语词，意思是“突然”，多修饰动词或动词短语。

【举例】（1）她的脸色陡然变成了灰黄，死了似的。

（2）人们常常在意想不到的时候陡然冒出一个想法，而这个想法往往会改变一个人的一生。

（3）大楼里陡然响起一声爆炸声，几乎所有的住户都被震醒了。

【练习】用“陡然”完成句子：

（1）她唱着唱着，音调______________________。

（2）孩子的出生使得小夫妻俩的生活____________________。

（3）那位老人血压______________，医护人员迅速赶到他的病房进行急救。

（4）他当了总统以后，国内形势__________________。

6 女大不中留啊。

【解释】中：动词，意思是“适合于，宜于”。“中”后面一般跟单音节动词。

【举例】中听/中用/中看/不中用/中看不中吃/中看不中用/中看不中穿

【练习】选择上面的“中”字词语或短语填空：

（1）说话要______________，要是都像他这样说话，谁受得了？

（2）这点心外观讲究，但材料不新鲜，______________，我劝你别买了。

（3）唉！我老了，______________，还是让年轻人去吧。

（4）这双鞋确实漂亮，但穿起来磨脚，实在是______________。

综合练习

Ⅰ 词语练习

一 用画线的字组词

1. 深邃：（　　）（　　）（　　）（　　）
2. 提示：（　　）（　　）（　　）（　　）
3. 有限：（　　）（　　）（　　）（　　）
4. 孝敬：（　　）（　　）（　　）（　　）

二 填入合适的名词

满天的（　　）　笑眯眯的（　　）　深邃的（　　）
巧妙的（　　）　发涨的（　　）　得意的（　　）
黯淡的（　　）　委屈的（　　）　遥远的（　　）
有限的（　　）　浑浊的（　　）　荒诞的（　　）

三 填入合适的形容词

（　　）的夏日　（　　）的伙伴
（　　）的洋娃娃　（　　）的表情

四 填入合适的量词

一（　　）谜语　一（　　）伙伴　一（　　）表情
一（　　）洋娃娃　一（　　）鹿　一（　　）孝心

五 写出下列词语的近义词或反义词

（一）写出近义词

烦恼——　忧愁——　陡然——

（二）写出反义词

忧愁——　黯淡——　荒诞——
浑浊——　有限——　得意——

六 选词填空（每个词只能用一次）

盯　凑　噘　皱　引　投　抹　咽　甩　待

1. 事情越来越难办了，王主任不由得（　　）起了眉头。
2. 那个小孩儿（　　）着嘴，看样子他不太高兴。
3. 他（　　）近小王的耳朵，说了几句话。
4. 老李这一句话，（　　）得大家笑了起来。
5. 他吃完饭把嘴一（　　）就走了，连声“谢谢”也没说。
6. 这么苦的药，我实在（　　）不下去。
7. 他（　　）着墙上的照片，一声也不响。
8. 她急了，一（　　）头就走了。
9. 我们应该平等（　　）人。
10. 大家把目光都（　　）到了那个小偷身上。

深邃　深刻　提示　提醒　得意　满意　忧愁　忧郁　嘲笑　讥笑

1. 他把公司里的事告诉了外人，老板对他很不（　　）。
2. 她喜欢自己思考解决问题，实在想不出来的时候，才请老师（　　）一下。
3. 比赛还没结束呢，你别（　　）得太早了。
4. 照片上的老人目光（　　），一看就知道这是一位很有智慧的老人。
5. 别看他年纪不大，可是问题提得很（　　）。
6. 这么点事都记不住，我忍不住（　　）起自己的“好记性”来。
7. 近来公司生意不好，人人都很（　　）。
8. 性格（　　）的人一般比较内向。
9. 她也知道那些人是在（　　）她，所以总是瞪着眼睛，不说一句话，后来连头也不回了。
10. 在高速公路上，我（　　）爱开快车的小王不要超速行驶。

七 解释句中画线词语的意思

1. 父亲笑眯眯地看着我，<u>悠悠地</u>念着他的谜语。

   A. 从容悠闲地　　B. 神秘莫测地　　C. 小心翼翼地

2. 渐渐地，父亲的谜语很少能够<u>难</u>倒我了。

   A. 很麻烦　　B. 觉得不好　　C. 使人感到困难

3. 一个影子从眼睛投到了心里，抹也抹不掉，可影子“他”却<u>全然不知</u>。

   A. 不太清楚是怎么回事　　B. 完全不知道　　C. 所有的人都不知道

4. 因为父亲是无论如何不能将那颗心变到我的手心的。

A. 把　　B. 要　　C. 弄

5. 信投进邮筒后，我忽然生出一个荒诞的想法。

A. 令人十分吃惊　　B. 极不合情理　　C. 值得怀疑

6. 当然父亲绝对不会跟我要这些的，我却因此嘲笑起自己的孝心来。

A. 因为　　B. 所以　　C. 因为这个

八 选择正确的答案

1. 再盯着父亲的眼睛瞧，觉得他那双笑（　　）的小眼睛也和夜空一样深邃、神秘。

A. 哈哈　　B. 眯眯　　C. 嘻嘻

2. 当我苦思冥想，觉得小脑瓜子发涨的时候，父亲便会给予巧妙的提示，（　　）我得意地叫起来，他也“嘿嘿”地笑了。

A. 到　　B. 一直　　C. 直到

3. 我把这个谜语拿去考小伙伴们，把最后一句改成“镜子里有个小狗子”，也像父亲那样把眼睛一张一合地去（　　）他们。

A. 启发　　B. 开发　　C. 打发

4. 我忽然觉得委屈得（　　），眼泪吧嗒吧嗒掉下来。

A. 不能　　B. 不行　　C. 不了

5. 一定是有一件东西你很喜欢，（　　）不肯跟爸爸说，对不对？

A. 又　　B. 反　　C. 再

6. 你猜不（　　）的，也变不出来，这回得靠我自己。

A. 中　　B. 来　　C. 会

7. 说不管他要什么，女儿都会想（　　）办法“变”出来的。

A. 到　　B. 尽　　C. 完

九 补语填空

例：……直到我得意地叫（起来），他也“嘿嘿”地笑了。

1. 他把眼睛合（　　），“晚上关箱子，”又把眼睛睁（　　），“早上开箱子。”

2. 每当我噘（　　）了嘴，皱着眉头，一副烦恼忧愁的样子时，父亲便念（　　）“关箱子，开箱子”，笑眯眯的眼睛一张一合，然后问我：“镜子里面有个什么呢？”我不作声，他便猜：“巧克力？大苹果？洋娃娃？蝴蝶结？花裙子？有小鹿的铅笔刀……”我小小的心总会被其中某样东西引得高兴（　　）。父亲将他们“变”（　　）时，我问他：“你怎么就猜得（　　）我镜子里面是什么呢？”

父亲的眼睛神神秘秘，仿佛可以给我变（　　　）许许多多快乐和光明。

3. 父亲做的饭菜也不香了，涩涩地咽不（　　　）。父亲问："谁欺负我们的细妹子了？"我忽然觉得委屈得不行，眼泪吧嗒吧嗒掉（　　　）

4. 可我觉得满心都是无法开释的烦恼，一甩头跑（　　　）自己的房子里。父亲跟（　　　），拍拍我的头，问我……

5. 当然父亲绝对不会跟我要这些的，我却因此嘲笑（　　　）自己的孝心（　　　）。

十 从所给的词语中任选6个写一段话

笼罩　笑眯眯　深邃　苦思冥想　给予　饱经忧患　烦恼
忧郁　全然　陡然　欺负　委屈　孝敬　荒诞　嘲笑

Ⅱ 课文理解练习

一 根据课文内容判断正误

读第一部分课文，做下面的题：

1. 父亲的谜语从来都难不倒"我"。（　　）
2. 小时候，父亲总能猜出"我"想要什么，并满足"我"的要求。（　　）
3. 父亲的眼睛总是充满着快乐和光明。（　　）

读第二部分课文，做下面的题：

4. 因为自己喜欢的男孩儿全然不了解自己的心意，"我"很不开心。（　　）
5. "我"把自己的烦恼告诉了父亲。（　　）
6. 后来"我"跟自己当初喜欢的那个人结了婚。（　　）
7. "我"跟丈夫、女儿一起过着幸福的生活。（　　）
8. "我"离开家是因为要去外地工作。（　　）
9. 为了孝敬父亲，"我"买了很多礼物。（　　）
10. 即使父亲跟"我"要太阳、月亮，"我"也会想办法满足他。（　　）
11. 父亲来信了，他的信很长很长。（　　）

二 根据课文内容，用指定的词语回答问题或进行讨论

1. 描述一下夏日的夜晚"我"在院子里猜谜语的情景。

（星光笼罩　悠悠　眨巴　寻找　深邃　神秘　苦思冥想　发涨　给予　提示　得意）

2. 长大后的一天，父亲做的饭为什么也不香了？
（长大　悄悄　影子　投　抹也抹不掉　全然不知　陡然　黯淡　黑暗）
3. 父亲的生日时，“我”想怎么孝敬他老人家？
（有一次记起……想着要……孝敬……便……需要……说不管他……女儿都……）
4. 小时候，父亲和“我”之间用什么特殊的方式来交流感情？“我”和父亲的关系为什么那么好？
5.“我”长大后，这种关系有了什么变化？为什么会这样？

三 思考与表述

1. 你和父亲或母亲之间经常谈论的话题是什么？父母说的什么话对你启发最大？
2. 你和父亲或母亲是否了解彼此的内心世界？你们如何表达自己的思想感情？
3. 在你的成长过程中，父亲或母亲给予了你什么影响？
4. 在你看来，两代人之间理想的关系是什么样的？
5. 说一个发生在你和父亲或母亲之间的故事。

阅读与理解

胡萝卜、鸡蛋和咖啡

①一天，女儿满腹牢骚地向父亲抱怨起生活的艰难。

②父亲是一位著名的厨师。他平静地听完女儿的抱怨后，微微一笑，把女儿带进了厨房。父亲往三只同样大小的锅里倒进了一样多的水，然后将一根大大的胡萝卜放进了第一只锅里，将一个鸡蛋放进了第二只锅里，又将一把咖啡豆放进了第三只锅里，最后他把三只锅放到火力一样大的三个炉子上烧。

③女儿站在一边，疑惑地望着父亲，弄不清他的用意。

④20分钟后，父亲关掉了火，让女儿拿来两个盘子和一个杯子。父亲将煮好的胡萝卜和鸡蛋分别放进了两个盘子里，然后将咖啡豆煮出的咖啡倒进了杯子。他指着盘子和杯子问女儿：“孩子，说说看，你见到了什么？”

⑤女儿回答说：“还能有什么？当然是胡萝卜、鸡蛋和咖啡了。”

⑥ 父亲说："你不妨碰碰它们，看看有什么变化。"

⑦ 女儿拿起一把叉子碰了碰胡萝卜，发现胡萝卜已经变得很软。她又拿起鸡蛋，感觉到了蛋壳（ké）的坚硬。她在桌子上把蛋壳敲破，仔细地用手摸了摸里面的蛋白。然后她又端起杯子，喝了一口里面的咖啡。做完这些以后，女儿开始回答父亲的问题："这个盘子里是一根已经变得很软的胡萝卜；那个盘子里是一个壳很硬，蛋白也已经凝固了的鸡蛋；杯子里则是香味浓郁、口感很好的咖啡。"说完，她不解地问父亲："亲爱的爸爸，您为什么要问我这么简单的问题？"

⑧ 父亲严肃地看着女儿说："你看见的这三样东西是在一样大的锅里，一样多的水里，一样大的火上和用一样多的时间煮过的。可它们的反应却迥（jiǒng）然不同。胡萝卜生的时候是硬的，煮完后却变得那么软，甚至都快烂了；生鸡蛋是那样的脆弱，蛋壳一碰就会碎，可是煮过后连蛋白都变硬了；咖啡豆没煮之前也是很硬的，虽然煮了一会儿就变软了，但它的香气和味道却融进水里变成了可口的咖啡。"

⑨ 父亲说完之后接着问女儿："你像它们之中的哪一个？"

⑩ 现在，女儿更是有些摸不着头脑了，只是怔（zhēng）怔地看着父亲，不知如何回答。

⑪ 父亲接着说："我想问你的是，面对生活的煎熬，你是像胡萝卜那样变得软弱无力还是像鸡蛋那样变硬变强，抑或像一把咖啡豆，身受损而不堕其志，无论环境多么恶劣，都向四周散发出香气，用美好的感情感染周围所有的人？简而言之，你应该成为生活道路上的强者，让你自己和周围的一切变得更好，更漂亮，更有意义。"

（作者：[土耳其] 谢布内姆·蒂尔凯希，陈竹冰译，选自《世界新闻报》）

阅读练习

一 根据文章内容判断正误

读第①—⑥段，做下面的题：

1. 女儿的生活很艰难，所以开始抱怨。（　　）

2. 父亲想把自己做菜的手艺教给女儿。（ ）
3. 父亲把装有胡萝卜、鸡蛋和咖啡的三只锅放到三个炉子上烧了20分钟。（ ）
4. 女儿开始时不明白父亲这样做的原因。（ ）

读第⑦段，做下面的题：

5. 女儿不喜欢吃太软的胡萝卜。（ ）
6. 女儿认为鸡蛋煮得太硬了。（ ）
7. 咖啡的口感很好，女儿一口气喝完了咖啡。（ ）

读第⑧—⑪段，做下面的题：

8. 父亲认为女儿不应该像胡萝卜。（ ）
9. 父亲很欣赏鸡蛋的坚硬。（ ）
10. 父亲问女儿："你像它们之中的哪一个？"女儿听完后马上做出了选择。（ ）

二 谈一谈

1. 胡萝卜、鸡蛋、咖啡分别象征着哪种人？
2. 父亲希望女儿像什么？
3. 你认为这位父亲的教育方法怎么样？
4. 面对学习、生活中的困难，你将如何应对？

请按……

课前思考

1. 你知道电话是由谁，在什么时候发明的吗？从发明到现在，电话发生过哪些变化？
2. 你在孤独、寂寞的时候，会不会采用打电话的方式缓解这种心理状态？
3. 你认为在现代社会中，电话是缩短了人们之间的距离还是加大了这种距离？
4. 这篇课文的作者亦舒是中国当代著名作家。课文通过主人公江世平打电话时经历的趣事，反映了现代人的生活状态和苦恼。请你读一读，思考一下文章中主要人物的性格特征和生活状态。

课文

第一部分

事情不知道是从何时开始的，江世平有一日打电话到航空公司询问父母搭乘的飞机何时由温哥华[①]抵港[②]，听到了以下讯息。

“多谢你致电华东航空公司。假如你想知道今日班机抵港时间，请按403；假如你想知道班机离境号码，请按228……”世平用的正是按钮号码，她把这个录音讯息听到一半已经忘记问班机抵港时间该按什么号码，只得重听一次，才按403。她听到录音带说：“自温哥华抵港的第838班机抵港时间为13：00，自多伦多[③]……”

世平挂断电话。真好，以后人与人不必再打交道，只需布置一架机器，省却人工，既方便又实惠，反正答案是固定的，错不了。

过了一阵子，这种风气渐渐流行。世平订阅的一本杂志没收到，故发电追究，电话接通，也是录音带的声音：“这是《宇宙》杂志社，如果你找的是发行部，请按223；如果找编辑部，请按225；如果找订阅部，请按226……”

世平按226。

“请将你的电话号码及讯息留下，我们会尽快答复你。”

世平连忙说：“我的电话是13448，我没收到9月份的《宇宙》杂志，请补寄。”

当日下午，《宇宙》杂志由专人送上。

同许多人相反，世平不介意与机器说话，她是一个办事的人，很多时候不动感情，也谈不上喜恶，只要可以迅速达到目的，一切细节都不计较。

与录音机谈话简单扼要，省却寒暄问候，口不对心的虚伪。

近日几乎每家公司都设有这种服务，特别是在周末或公众假期，值班的通常是机器。

1 搭乘	dāchéng	（动）	乘坐（车、船、飞机等）。
2 讯息	xùnxī	（名）	信息、消息。
3 致电	zhì diàn		给某人打电话或发电报。
4 班机	bānjī	（名）	有固定的航线并按排定的时间起飞的飞机。airliner; flight
5 按钮	ànniǔ	（名）	电器或其他设备上用手按的起开关调节、控制作用的部件。push button
6 不必	búbì	（副）	表示事理上或情理上不需要。（不必——未必）
7 架	jià	（量）	主要用于机器、飞机、钢琴等。
8 省却	shěngquè	（动）	节省。
9 实惠	shíhuì	（形）	有实际的好处。（实惠——优惠）
10 固定	gùdìng	（形）	不变动或不移动的。
11 风气	fēngqì	（名）	社会上或某个集体中流行的爱好或习惯。
12 订阅	dìngyuè	（动）	预先付款订购报纸、期刊等。
13 故	gù	（连）	所以。
14 追究	zhuījiū	（动）	追问（根由）；追查（原因、责任等）。
15 宇宙	yǔzhòu	（名）	包括地球及其他一切天体的无限空间。the universe; the cosmos
16 发行	fāxíng	（动）	发出新印制的货币、债券或新出版的书刊、新制作的电影等。
17 编辑	biānjí	（动）	对资料或现成的作品进行整理、加工。
18 尽快	jǐnkuài	（副）	尽量加快。
19 介意	jièyì	（动）	把不愉快的事情记在心里；在意。（介意——在意）
20 细节	xìjié	（名）	细小的环节或情节。
21 计较	jìjiào	（动）	计算比较。
22 扼要	èyào	（形）	抓住重要的内容。
23 寒暄	hánxuān	（动）	见面时谈天气冷暖之类的应酬话。
24 虚伪	xūwěi	（形）	不真实；不实在；做假。（虚伪——虚假）
25 公众	gōngzhòng	（名）	社会上大多数的人；大众。
26 值班	zhí bān		在规定的时间担任工作。to be on duty

世平没想到私人住宅的电话也会有这样的装置。

完全是偶然，世平拨电话给好友丘珠英，可是一时失误，按错一个号码，她听到录音机说："这是55573……"

珠英的号码是55576，世平刚想挂断，忽然听到录音机说："假如你找余仁邦，请按1；假如你找余仁乐，请按2；假如你拨错号码，请按3。"

世平笑起来，太幽默了，她很想试试，按下了3。

录音机里的男声愉快地说："其实心理学家说，打错电话是因为心里急着想与同伴沟通，可见你是一个寂寞的人。如果我说对了，请按4；如果我说错了，请按5。"

世平诧异，这余家两兄弟**好不**奇怪，竟想出这种游戏来。

她按5，"啊，你不寂寞？好极了，那是信心的表现。刚才的问题涉及到隐私，你仍肯作答，可见你活泼大方……"

世平听到这里，忽觉突兀，挂断电话。

真的，陌生人的电话录音问她是否寂寞，她居然作答，太轻率了。

第二部分

她终于找到了丘珠英，但是珠英不在家，只得到"请留下电话号码与口讯，我会尽快答复你"的标准答案。

傍晚回电来了，世平的电话设有来电显示，那意思是，电话铃一响，一个小小的荧光屏会显示来电者的电话号码，那么，世平可以选择听与不听。

世平觉得单身女子需要这样的设备。

见是珠英，便拿起听筒，与她谈了几句。

珠英说："生活沉闷极了，对前途十分彷徨，渴望爱人与被爱。"

又道："昨夜做梦，有急事，在马路边用公用电话，拨了三四遍，**不是**打不通**就是**无人接，惊惶极了，终于徒步跑回家，有人忽然拉住我，说愿意帮我忙，我感激流涕。"

世平问："那人是你男友区[④]和平吗？"

"不，他哪里有作为，梦中救我的是陌生人。"

"珠英，你还是与区某分手吧，梦境已说明一切。"

27 住宅	zhùzhái	（名）	住房（多指规模较大的）。
28 偶然	ǒurán	（形）	事理上不一定要发生而发生的；超出一般规律的。
29 失误	shīwù	（动）	由于疏忽或水平不高而造成差错。
30 幽默	yōumò	（形）	有趣或可笑而又意味深长。
31 心理学家	xīnlǐxuéjiā	（名）	研究心理现象客观规律的科学家。
32 沟通	gōutōng	（动）	使两方能通连，多指交流思想、感情、协调关系等。
33 寂寞	jìmò	（形）	孤单冷清。
34 诧异	chàyì	（形）	觉得十分奇怪。
35 好不	hǎobù	（副）	表示程度深，相当于“很”、“多么”的意思。
36 涉及	shèjí	（动）	牵涉到；关联到。
37 隐私	yǐnsī	（名）	不愿告人的或不愿公开的个人的事。privacy
38 作答	zuòdá	（动）	做出回答。
39 突兀	tūwù	（形）	突然发生，出乎意外。（突兀——突然）
40 居然	jūrán	（副）	表示出乎意料。
41 轻率	qīngshuài	（形）	（说话做事）随随便便，没有经过慎重考虑。
42 荧光屏	yíngguāngpíng	（名）	电视或电脑的屏幕。viewing screen
43 单身	dānshēn	（动）	没有家属或不跟家属在一起生活。
44 沉闷	chénmèn	（形）	（天气、气氛等）使人感到沉重而烦闷。
45 彷徨	pánghuáng	（动）	走来走去，犹豫不决，不知往哪个方向去。
46 渴望	kěwàng	（动）	迫切地希望。
47 惊惶	jīnghuáng	（形）	因害怕而慌张。
48 徒步	túbù	（副）	步行。
49 涕	tì	（名）	眼泪。
50 作为	zuòwéi	（名）	所作所为；行为。
51 分手	fēn shǒu		指结束恋爱关系或夫妻关系。
52 梦境	mèngjìng	（名）	梦中经历的情景。

珠英长长地叹了一口气，“唉，谈何容易，我最怕寂寞。”

世平心一动。

“你是一个寂寞的人吗？如果我说对了，请按4。”

对方也可能有来电显示，早已记录了她的电话号码及登记电话的姓名。她固然知道他们是余氏兄弟，他们也许亦知道她叫江世平。

“世平，世平，你还在那一头吗？”珠英直叫她。

“在，在，”世平如梦初醒，“最近精神不大好。”

“不是疲倦，我们都给枯燥的生活害得奄奄一息。”

世平同意，她挂了电话。

她独自在客厅坐了一会儿，忽然身不由己，重拨55573。

电话录音并没有从头开始。录音这样说：“你是江世平小姐吧？欢迎你致电余宅，假如你想多聊几句，请按6，如果只是好奇，请按7。”

世平按6。“你想谈何种题材？假如要讲中东⑤局势，请按8；美国股票走势，请按9；人类感情问题，请按10……”

世平按10。“很好很好，有关父母与子女问题，请按11；有关男女感情，请按12……”

世平按12。“啊，我们开始谈私人问题了。如果你觉得过分，请按13；如不，请按14。”

世平又鼓起勇气按14。“如果你想摆脱一段感情，请按15；如果你渴望爱人与被爱，请按16。”

世平迷惑了，这余氏兄弟到底是什么人？他们竟设计了**如此**精密的录音设备，世平忍不住按下16。

“假如你目前已有爱人，请按17；无，则按18。”

世平按18。因是通过电话与录音机器谈话，世平不觉得危险。唏，有什么事，最多更换电话号码好了，此刻她真需要有人陪她聊聊。

“如果你愿意约我余仁邦，请按19；如果你选择我弟弟余仁乐，请按20；如果你不愿意与任何一人见面，请按21。”

世平笑了，她轻轻按下19。

（作者：亦舒，选自《广州文艺》，有改动）

53 叹气	tàn qì		心里感到不痛快而呼出长气，发出声音。
54 谈何容易	tánhé róngyì		说起来容易做起来难，表示事情做起来并不像说的那样简单。
55 早已	zǎoyǐ	（副）	很早已经；早就。
56 亦	yì	（副）	也（表示同样）；也是。
57 如梦初醒	rú mèng chū xǐng		好像刚从梦中醒过来，形容刚刚从糊涂、错误的境地中觉醒过来。
58 枯燥	kūzào	（形）	单调，没有趣味。
59 奄奄一息	yǎnyǎn yì xī		形容气息微弱。
60 独自	dúzì	（副）	自己一个人。
61 身不由己	shēn bù yóu jǐ		自己控制不了自己的行为。
62 题材	tícái	（名）	构成文学和艺术作品的材料。subject matter; theme
63 局势	júshì	（名）	（政治、军事等）一个时期内的发展情况。
64 股票	gǔpiào	（名）	用来表示股份的证券。share; stock
65 走势	zǒushì	（名）	事物发展的动向。
66 过分	guòfèn	（形）	（说话、做事）超过一定的程度或限度。
67 鼓	gǔ	（动）	发动；振奋。
68 摆脱	bǎituō	（动）	脱离（各种不利的情况）。
69 迷惑	míhuò	（形）	辨不清是非，不清楚。（迷惑——困惑）
70 精密	jīngmì	（形）	精确细密。
71 唏	xī		叹息。
72 更换	gēnghuàn	（动）	变换；替换。
73 此刻	cǐkè	（名）	这时候。

注释

① 温哥华 Wēngēhuá：Vancouver，加拿大太平洋（the Pacific）沿岸最大的港口城市。
② 港 Gǎng：香港的简称。

③ 多伦多 Duōlúnduō：Toronto，加拿大的第二大城市。
④ 区 Ōu：中国人的姓。
⑤ 中东 Zhōngdōng：the Middle East，指亚洲西南部和非洲东北部。

词语辨析

1 不必——未必

【牛刀小试：把“不必”和“未必”填入下面的句子中】

1. 一些生活上的事情你（　　）管得太多，他自己会安排好的。
2. 这孩子虽然年纪小，但他（　　）不明白你的意思。你不要小看了他。
3. 虽然电脑技术越来越先进，但电脑（　　）能代替得了人脑。
4. 晚会九点才开始，我们（　　）去那么早，八点出发完全来得及。
5. A：听说你明天要搬家，我们去帮你吧。
   B：谢谢！（　　）了，我已经请了搬家公司。

【答疑解惑】

语义

这两个词的语义完全不同。“不必”是“必须”的否定，意思是“不需要，用不着”；“未必”是“必定”的否定，意思是“不一定”。

（1）他不必来了。（意思是“他用不着来了”）
（2）他未必会来。（意思是“他不一定会来”）
（3）明天的考试你不必太担心，你已经准备得很充分了，一定能顺利通过。
（4）父母的细心照顾对孩子来说未必都是好事，有时反而会使孩子更加无能。

用法

词性：这两个词都是副词，它们的区别主要体现在词义上。“不必”表示否定性的判断、强调；“未必”表示对未知情况的否定性推测。

2 实惠——优惠

【牛刀小试：把“实惠”和“优惠”填入下面的句子中】

1. 她习惯在商场搞（　　）活动的时候去大量采购，这样能省不少钱。
2. 现在是销售淡季，所以这辆汽车给你（　　）5%，怎么样？

3. 这是商场送您的（　　）券，可以免费喝咖啡，请您拿好。
4. 现在很多年轻人找工作追求（　　），这种待遇低的工作很少有人愿意干。
5. 记者调查发现，买东西还是去批发市场最（　　），又便宜又好。

【答疑解惑】

语义

两个词都有“相比之下价格更便宜，有实际好处”的意思。不同之处是，“优惠”有“专指商家打折销售”的意思；“实惠”没有这种意思。

（1）最近你们超市有什么优惠活动？
（2）听说超市优惠销售食用油，大家都去采购了。
（3）如果你有优惠券，买东西可以便宜20%。
（4）十块钱买了一大袋子水果，太实惠了。

用法

这两个词都是形容词，常常可以在同一语境中出现。

（5）这家超市商品丰富，价格实惠（优惠），服务周到，所以附近的居民们都爱光顾。
（6）我觉得到书市去买书比去大书店买书更实惠（优惠）。
（7）跟那家公司做生意有很多实惠（优惠）的条件。
（8）实惠（优惠）的待遇是每个找工作的人都会考虑的。

不同的地方主要在于：

a.“实惠”可兼做名词；“优惠”没有这个用法。

（9）顾客们能得到很多实惠。
（10）他是个讲求实惠的人，不太喜欢那些虚的玩意儿。

b.“优惠”可兼做动词；“实惠”没有这个用法。

（11）这种洗发水从今天开始优惠三天，大家快来买吧。
（12）您是我们的第一位顾客，所以给您优惠100块钱。
（13）这家超市从来不优惠顾客，所以现在顾客越来越少了。

3 介意——在意

【牛刀小试：把“介意”和“在意”填入下面的句子中】

1. 他还是个不懂事的孩子，你对他说的话不必（　　）。
2. 老师解释的时候你不（　　），到做作业的时候可不就糊涂了嘛。
3. 看着孩子一副毫不（　　）的样子，妈妈真是气不打一处来。
4. 对于这些鸡毛蒜皮的小事，他是从来不会（　　）的。

【答疑解惑】

语义

这两个词都有“把某事放在心上”的意思，所不同的是，“在意”还有“思想上重视、留意、注意”的意思，而“介意”没有这个意思。

（1）我多次提醒过他要注意交通安全，可他就是不在意。

（2）A：你注意了吗？今天马拉松比赛的冠军长得很帅。

B：哦，我还真没怎么在意，等晚上看电视的时候我一定看看。

（3）我在这里抽支烟你不介意吧？

用法

词性：这两个词都是动词，常常可以在同一语境中出现。

（4）我刚才是跟你开个玩笑，你可千万别介意（在意）呀。

（5）他是个谨慎小心的人，很介意（在意）别人对自己的看法。

“在意”的事无好坏之分，是中性的，“介意”的事一般都是被认为不好的。

（6）他对自己的衣着毫不在意，因而常被别人笑话。

（7）这里生活条件艰苦，吃得也很差，但他一点儿也不介意。

4 虚伪——虚假

【牛刀小试：把“虚伪”和“虚假”填入下面的句子中】

1. 你别那么（　　）好不好？明明不喜欢非要说违心的话。
2. 制造（　　）名牌侵犯了人家的知识产权，是要受法律制裁的。
3. 在法庭上说（　　）的证词是违法的，这一点你一定要想清楚。
4. 他这个人说一套做一套，多（　　）啊。

【答疑解惑】

语义

这两个词都有“跟实际不相符、不一致”的意思，都是贬义词。但它们的侧重点有所不同，“虚假”是“真实”的反面，指假的，情况与事实不一样；“虚伪”是“真诚”的反面，主要指人的语言、作风、行为等不诚实，故意掩盖真实情况。

（1）我觉得他对我的感情是虚伪（虚假）的，他追求我主要是想利用我。

（2）你们的道歉一点也不真诚，我讨厌你们这种虚伪（虚假）的态度。

（3）这篇报告上的数字全是虚假的，对我们的研究完全没有参考价值。

（4）他这个人真虚伪，当面说人话，背后说鬼话。

用法

词性：这两个词都是形容词。

搭配：a. “虚假”可以重叠为“虚虚假假”，“虚伪”不能重叠。

（5）他说话经常虚虚假假的，早就在朋友面前失去信誉了。

b. “虚假”还可以扩展成“弄虚作假”、“虚情假意”等词语，“虚伪”不能。

5 突兀——突然

【牛刀小试：把“突兀”和“突然”填入下面的句子中】

1. 一座座（　　）的山峰构成了这里独特的风景，给人留下了深刻的印象。
2. 小狗不知听到了什么，（　　）一跃而起，把大家吓了一跳。
3. 他消失了近十年，他的出现让所有的人都感到很（　　）。
4. 消息来得太（　　）了，大家一时都反应不过来。

【答疑解惑】

语义

这两个词都有“（情况）发生得急促而出乎意料”的意思。但“突兀”还可以形容高耸的样子，“突然”没有这个意思。

（1）事情发生得实在是很突然（突兀），让所有的人都措手不及。

（2）张教授正在给同学们解释一个经济方面的问题，小李却问了他一个应该如何看待青少年犯罪的问题，这让大家都觉得很突兀（突然）。

（3）三峡的“神女峰”拔地而起，显得突兀险峻。

（4）我的家乡开门见山，一座座突兀的山峰高入云天。

用法

词性：这两个词都是形容词，但“突然”还有副词的用法，而“突兀”没有。

（5）病人的心脏突然停止了跳动，医生立即进行紧急抢救。

（6）一辆汽车突然失去控制，冲上了人行横道。

语体

“突兀”多用于书面语，“突然”则口语、书面语都常用。

6 迷惑——困惑

【牛刀小试：把“迷惑”和“困惑”填入下面的句子中】

1. 到底是先有蛋还是先有鸡呢？这实在是个令人（　　）的问题。

2. 我们差点儿被她的花言巧语给（　　）住了，幸亏有你的提醒。
3. 这些说得好听的广告很容易（　　）人，大家一定要小心啊！
4. 每当我感到（　　）的时候，常常会去请教我的父母。

【答疑解惑】

语义

这两个词都有“不清楚、不明白”的意思，但侧重点有所不同。“迷惑”侧重在搞不清楚，不懂；“困惑”侧重在觉得困难，不知道怎么处理，被困扰得很深，语义程度和感情色彩都比“迷惑”强烈。

（1）他说的意思到底是可以还是不可以？让人迷惑。

（2）如何才能找到一个理想的工作呢？这是现在年轻人普遍感到困惑的一件事情。

用法

词性：都是形容词，同时也兼做动词。

（3）他完全没有做这种事的动机，为什么会去冒这个险呢？真让人迷惑（困惑）。

（4）孩子迷惑（困惑）地望着正在吵架的父母，那样子真可怜。

（5）很多动物身上的颜色是伪装色，这是用来迷惑周围其他生物的。

（6）那个骗子说了一堆花言巧语，把很多人都迷惑住了，但迷惑不了我。

（7）如何教育好孩子，这个问题一直困惑着他们俩。

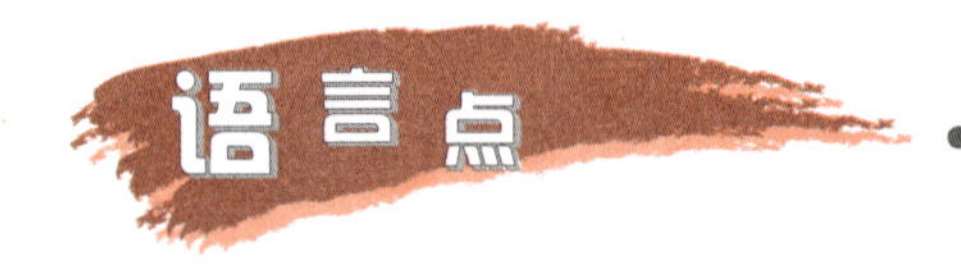

1 她是一个办事的人，很多时候不动感情，也谈不上喜恶，……

【解释】谈不上：也可以说成“说不上”，意思是因条件不够或不可靠而无须提或不值得提。

【举例】（1）这孩子谈不上很聪明，但他做什么都非常认真、努力，从来都是老师眼中的好学生。

（2）这个地方虽然说不上是风景名胜，但也是个有山有水的好地方。

【链接】谈得上/说得上：是“谈不上”/“说不上”的肯定式。在实际运用中多用“说得上”。

（3）《哈利·波特》的作者真说得上是一位很有才华的女作家。

(4) 我们俩从小认识，说得上是无话不说的密友。

【辨析】谈不上——说不上：“说不上”还有“因为了解、认识不清而无法说出来的意思”，而“谈不上”没有这个意思。

(5) 我也说不上是北京好还是老家好，反正各有各的好。

【练习】用“谈不上”或“谈得上”改写或完成句子和对话：

(1) 那家公司也不算是知名的大企业，但在当地已经是很有实力的了。

(2) 在我看来，作为一个演员，他______________________________。

(3) A：你知道在唐代有个叫李白的大诗人吗？

B：______________________________。

(4) A：你看，这是我刚买的电脑，名牌。你看怎么样？

B：______________________________。

2 世平诧异，这余家两兄弟好不奇怪，……

【解释】好不：副词。“好不＋某些双音节的形容词/表示心理活动的动词”结构表示程度很深，并带有感叹的语气。这时的“好不”都可以换用“好”，意思都是肯定的。

【举例】(1) 这个市场很有人气，熙熙攘攘，摩肩接踵，好不（好）热闹。

(2) 相处了一年的男朋友离她而去，令她好不（好）伤心。

【链接】好容易/好不容易：这是一种特殊情况，都表示否定。“好容易才找到他”、“好不容易才找到他”都是“很不容易才找到他”的意思。

【练习】用“好不”改写或完成句子和对话：

(1) 小明打篮球非常厉害，怪不得现在成了CBA的明星。

(2) 当她接到名牌大学录取通知书的时候，______________________________。

(3) A：昨天你看的电影里，那个男主角的表现怎么样？

B：______________________________。

(4) A：听说昨天你和朋友出去郊游了？玩儿得怎么样？

B：______________________________。

3 在马路边用公用电话，拨了三四遍，不是打不通就是无人接，……

【解释】不是A就是B：这是一个表示选择关系的复句，表示两项之中必有一项是事实；或表示列举事实，用以说明某种情况。A、B是同类的名词、形容词或动词，也常常是小句。

【举例】(1) 小王去旅游的地方不是云南就是广西，我记不清楚了。

（2）最近的天气真糟糕，不是刮风就是下大雨。

（3）周末在家里，妈妈不是洗衣服就是打扫房间，比平时还要辛苦。

【链接】不是A而是B：这是一个表示并列关系的复句，有两个意思：

a. 对比说明一件事，或一件事的两个方面，强调的重点是“而是”：

（4）要学好外语不是一件容易的事，而是需要经过艰苦努力的。

b. 否定A，肯定B，强调的重点也是B：

（5）李教授不是研究中国古代文学的，而是研究中国现代文学的。

【辨析】不是A而是B——不是A就是B：这两个关联词表示的意思不一样。如“不是研究中国古代文学的，而是研究中国现代文学的”，可以确定“是研究中国现代文学的”；而“不是研究中国古代文学的，就是研究中国现代文学的”，不能确定是研究什么的，可能是古代文学，也可能是现代文学。

【练习】用“不是A就是B”改写或完成句子和对话：

（1）他平时喜欢看的电影就是爱情片和武侠片，其他的都不太感兴趣。

（2）在学校里我常常参加的体育活动，____________________。

（3）A：你认为他们俩发生矛盾的主要原因是什么？

B：____________________________。

（4）A：我看你是个喜欢动物的人。你们家里养宠物吗？

B：____________________________。

（5）A：你大学毕业后想找什么样的工作？

B：____________________________。

4 他们竟设计了如此精密的录音设备，……

【解释】如此：这样。“如此＋形容词/动词”结构表示程度深。“如此”修饰的形容词或动词一般为双音节或多音节的，如果是单音节的形容词，这个词的前面一般要加“之”字，以补足音节。

【举例】（1）想不到海底的世界竟是如此有趣，以前我们对这里的了解太少了。

（2）朋友们对我如此关心，真使我感动。

（3）桂林漓江的风景是如此迷人，以至于大家都流连忘返，乐不思蜀了。

（4）作为一个外国人，他的书法如此之好，是大家始料未及的。

【练习】用“如此＋形容词/动词”改写或完成句子和对话：

（1）我家来了一只小狗，长得非常可爱，全家人没有不喜欢它的。

（2）经过一番打扮，她____________________________。

（3）这本书的内容______________________________。

（4）A：在你心里，妈妈是个什么样的人？

B：______________________________。

（5）A：上海为什么对你有这么大的吸引力？

B：______________________________。

综合练习

Ⅰ 词语练习

一 用画线的字组词

1. 实惠：（　　）（　　）（　　）（　　）
2. 追究：（　　）（　　）（　　）（　　）
3. 虚伪：（　　）（　　）（　　）（　　）
4. 迷惑：（　　）（　　）（　　）（　　）

二 填入合适的名词

更换（　　）　摆脱（　　）　渴望（　　）

省却（　　）　订阅（　　）　发行（　　）

固定的（　　）　虚伪的（　　）　偶然的（　　）

三 填入合适的动词

（　　）题材　（　　）细节　（　　）局势

（　　）风气　（　　）宇宙　（　　）公众

（　　）隐私　（　　）作为　（　　）梦境

四 填入合适的量词

一（　　）住宅　一（　　）飞机　一（　　）股票

五 写出下列词语的近义词或反义词

（一）写出近义词

寂寞——　诧异——　轻率——　实惠——

居然——　彷徨——　突兀——　渴望——

（二）写出反义词

虚伪——	偶然——	沉闷——	枯燥——
过分——	精密——	迷惑——	扼要——

六 选词填空

固定　追究　编辑　计较　流涕　寒暄　失误　沟通　涉及　徒步

1. 我把刚买回来的一幅国画（　　）在房间北面的墙上，屋子里顿时增色不少。
2. 他感激（　　）地说："如果没有各位的无私相助，也许就没有我的今天了。"
3. 他决定要去完成一个壮举，就是独自（　　）穿行塔克拉玛干大沙漠。
4. 他在一个网站工作，负责（　　）每天的文艺和体育新闻。
5. 由于有些人对工作马虎失职，造成了这次可怕的事故，公安局决定要（　　）有关人员的法律责任。
6. A：弟弟真讨厌，借了我50块钱，到现在还没有还我。
   B：他肯定不是故意的，也许是忘了。你是哥哥，应该宽宏大量一些，不要这么斤斤（　　）。
7. 每次见面他们俩都要先（　　）一阵，然后才转入正题。
8. 这次比赛失败的原因是战术（　　），下次我们一定要吸取教训。
9. 这个问题（　　）到个人隐私，我们还是不要多问了。
10. 在谈判中，双方产生了一些误会，但经过接触和（　　），误会已经清除了。

不必　未必　实惠　优惠　介意　在意　虚伪　虚假
突兀　突然　迷惑　困惑

1. 这个人真（　　），昨天还说不同意领导的意见，可是今天在会上却说了这么多赞成的话。
2. 为这么一件小事而烦恼，我认为大可（　　）。
3. 大家顺着山道往前走，（　　），从草丛里跑出来一只兔子，把大家惊喜坏了。
4. 我在这儿吸烟你不（　　）吧？
5. 他对公司发来的邮件从来不（　　），结果耽误了重要的事情。
6. 地处陕西的华山，以山势险峻著称，那里山峰（　　），悬崖林立，令人惊叹。
7. 这本书的语言艰深难懂，有很多内容让人（　　）不解。
8. 农民们在稻田里面插上稻草人是为了（　　）来偷吃的鸟类。
9. 国家已经制定了专门的制度和法律来杜绝（　　）广告的泛滥。
10. 对普通学生来说，在学校食堂吃饭比较经济（　　），是个不错的选择。

11. 老师讲解这个问题的时候我没有（　　），结果考试的时候就糊涂了。
12. 从健康的角度来说，靠不吃饭来减肥（　　）是一个好办法。
13. 她很爱自己的男朋友，非常（　　）他的每一句话，每一个表情。
14. 商家在节假日的时候都会搞一些（　　）活动，以促进产品销售。

七 解释句子中画线词语的意思

1. 与录音机谈话简单扼要，省却寒暄问候，口不对心的虚伪。
   a. 说话的内容不对　b. 说的话与心里想的不一样　c. 说的不对想的对
2. 生活沉闷极了，对前途十分彷徨，渴望爱人与被爱。
   a. 对前途失去了信心　b. 对前途很不放心　c. 对前途感到茫然和犹豫
3. 唉，谈何容易，我最怕寂寞。
   a. 不那么容易　b. 说起来很容易　c. 其实很容易
4. “在，在，”世平如梦初醒，“最近精神不大好。”
   a. 做梦以后刚醒过来　b. 刚清醒和明白过来　c. 好像做了一场梦一样
5. 不是疲倦，我们都给枯燥的生活害得奄奄一息。
   a. 呼吸很微弱　b. 累得直喘气　c. 只想休息一下
6. 她独自在客厅坐了一会儿，忽然身不由己，重拨55573。
   a. 自己不能保护身体　b. 行为失去了自己的控制　c. 身体不舒服

八 把所给词语填入合适的位置

1. 你安心在医院A休养，B担心公司的工作，C我已经把一切都D安排好了。（不必）
2. A早晨大雾弥漫B，C所有班机D只得推迟起飞。（故）
3. 事情很急，请你A给我B答复，我得C根据你的答复才能D做出决定。（尽快）
4. 我的爸爸妈妈关系非常A亲密，他们以前B青梅竹马，现在C恩爱有加，将来也一定会白头偕老。我觉得他们D幸福。（好不）
5. 这个A生长在贫困地区的少年B考上了名牌大学的热门专业，C让人不能不刮目D相看。（居然）
6. 香港歌星周华健北京演唱会的票A卖完了。演唱会当天，很多没有票的歌迷B来到场外，C希望能有运气D得到一张退票。（早已）
7. 她不仅对待工作A非常认真负责，B对待婚姻和家庭C是如此，D是一个公认的具有传统美德的女性。（亦）
8. 有的国家A有这样的法律规定：不能B让不满9岁的孩子C留在家里，这主要是为了更好地保护D儿童的人身安全。（独自）

9. 此时A，世界上又不知道有多少婴儿B诞生了，有多少老人C去世了。D人生就是这样，在生生死死之间循环。（此刻）

Ⅱ 课文理解练习

一 根据课文内容判断正误

读第一部分课文，做下面的题：

1. 江世平给航空公司打电话的目的是为父母买飞机票。（ ）。
2. 江世平之所以觉得“真好”，是因为她觉得这种通过按按钮获取信息的方式有很多好处。（ ）
3. 江世平给《宇宙》杂志社打电话后马上收到了杂志。（ ）
4. 江世平觉得与机器说话让人不太舒服，而许多人则觉得无所谓。（ ）
5. 与录音机谈话比较简单，不需要寒暄问候。（ ）
6. 江世平原来不知道私人电话也有这样的功能，是因为打错了电话才了解到的。（ ）
7. 余家的录音电话说江世平“活泼大方”，这使她觉得“突兀”，所以挂断了电话。（ ）

读第二部分课文，做下面的题：

8. 从丘珠英的话中可以看出来她是一个对生活积极乐观的人。（ ）
9. 丘珠英之所以不和男朋友分手，是因为她很爱她的男朋友。（ ）
10. 在给丘珠英打电话时，江世平一度走神了，因为丘珠英提到的“寂寞”使她想起了给余家兄弟打电话的事。（ ）
11. 丘珠英认为大家都精神不好是因为生活太枯燥了。（ ）
12. 余家兄弟已经知道江世平会再给他们打电话，所以专门为她设计了电话录音。（ ）
13. 与陌生人谈论感情问题，江世平觉得没什么关系。（ ）
14. 江世平最后选择的按钮19，是拒绝与余家兄弟见面。（ ）

二 根据课文内容，用指定的词语回答问题或进行讨论

1. 江世平是怎么样开始对录音电话感兴趣的？
（有一日　询问　真好　过了一阵子　流行　也是　当日下午）
2. 江世平认为录音电话有什么好处？
（以后　不必　既……又……　反正　介意　谈不上　只要　扼要）
3. 江世平是怎么跟余家兄弟联系上的？她为什么又挂断了电话？
（偶然　可是　幽默　诧异　竟　涉及　可见　听到这里　陌生人）

4. 为什么江世平在电话中劝丘珠英与男朋友分手？
   （沉闷　做梦　终于　忽然　哪里　梦境　叹气　寂寞）
5. 江世平第二次给余家兄弟打电话的情况是怎么样的？
   （独自　身不由己　并没有　迷惑　竟　不觉得　此刻）
6. 江世平是个什么样的人？她的生活状态怎么样？她为什么会“身不由己”地再次给余家兄弟打电话，而且还同意与余仁邦见面？
7. 你觉得应该如何看待余家兄弟的行为？
8. 丘珠英是个什么样的人？她的梦境说明了什么？

三 思考与表述

1. 请你充分发挥自己的想象力，给这个故事续上一个结尾。
2. 与以前传统社会相比，现代社会中的人际关系具有什么样的特点？
3. 你认为先进的科学技术给我们带来了什么？

阅读与理解

心爱的

①一直不知道他是怎么爱上她的。

②他最喜欢像个孩子般趴在她怀里，脸颊（jiá）紧贴着她的胸脯，侧耳聆听她心跳的声音。

③“侧耳聆听她心跳的声音”，这是她大一时写的诗；她从小就觉得自己的心跳特别快，有时候运动稍微激烈些，心脏就好像要从嘴里跳出来似的；即使渐渐长大，仍然是只要爬上两层楼，就仿佛听到自己心跳的声音，碰痛碰痛。

④碰痛碰痛，她抚着剧烈跳动的胸口询问双亲，爸爸低头叹气，妈妈又流了一脸的泪。

⑤终于知道自己有先天性心脏病时，她也流了一脸的泪。但后来就坚强了，不再怕病床、怕高悬的点滴瓶、怕护士的白口罩，有时候还能平静地看仪器上自己心跳的起伏，不知道什么时候会变成死寂的横线。

⑥ 上帝大约没有把她收回去的意思；30岁那年，终于等到了愿意把心捐给她的人。手术前晚她哭了一整夜，哭湿了白被单和枕头。她哭自己终于重新拾回了生命，也哭那个失去生命却救了她的人。

⑦ 她只知道是个和自己同年龄的女子，结过婚，猝（cù）死于一场车祸；无从表达对那人的感激，她剪存了报道她换心手术的新闻，上面并列着她们两人的照片。

⑧ 然后他就出现了。起初他在病房踟蹰（chíchú），她还以为是记者，后来却成了常来聊天的访客。在百无聊赖的病中，她常为了期待他而忙着在病床上梳妆；初恋的喜悦强烈地冲击着她，毕竟由于自己生来脆弱的心，她连接吻也不曾。

⑨ 这一次她可以放心地吻了：别人的心在自己胸腔里规律地跳动着。她的心跳不再强烈，十分安稳，她真的"放心"了，将半跪的他紧拥在胸前，她答应了婚事。

⑩ 但她仍然不知道为什么会有人爱她，自己不过是个残缺的人，依旧虚弱的身子，胸前永远的疤痕……他竟然毫不嫌弃地，热烈地爱着。每次她追问原因，他总是笑而不答，也许历经沧桑的人感情比较内敛（liǎn）吧，她知道他曾有过一次婚姻，但很快失去。

⑪ 她不知道的是他藏在衣柜底层的小盒子，她在偶然间发现，好奇地打开时，看见他的旧结婚照，含笑的新娘看来好面熟，好像……她凛（lǐn）然一惊，匆忙找出收存的换心剪报，不待比对，就知道是同一个人，那个把心捐给她的女子。

⑫ 那颗心正在她胸中剧烈地跳着，碰痛碰痛。

（作者：苦苓，摘自中国青少年新世纪读书网 www.cnread.net）

一 根据文章内容选择正确答案

读第①—⑦段，做下面的题：

1. 她的心跳从小就特别快，是因为：

   a. 正好在运动之后　　b. 在紧张着急的时候　　c. 患有先天性心脏病

2. 知道自己的病以后，她：

a. 一直非常害怕　　b. 开始害怕，后来接受　　c. 想一死了之

3. 后来，她的心脏病好了，是因为：

a. 换了别人的心脏　　b. 吃了一种特效药　　c. 自然恢复正常

4. 捐给她心脏的那个女人死亡的原因是：

a. 生病　　b. 车祸　　c. 其他意外

读第⑧—⑫段，做下面的题：

5. 手术后出现在病房中的他，最后成了：

a. 电视台的记者　　b. 常来聊天的朋友　　c. 她所喜欢的丈夫

6. 她对于他对自己的感情：

a. 深信不疑　　b. 时有疑惑　　c. 完全不懂

7. 她追问过他跟她结婚的原因，但他总是笑而不答：

a. 因为他历经沧桑，感情比较内敛

b. 因为他觉得爱情没必要直接表达出来

c. 因为他有不能告诉她的隐情

8. 后来她知道，他之所以跟她结婚，是因为：

a. 他前妻的心脏在她的身体里

b. 她跟他前妻长得一模一样

c. 前妻去世后他很寂寞

二 谈一谈

1. 她换心脏的过程是怎么样的？
2. 她和他是怎么认识的？
3. 他为什么喜欢像个孩子似的趴在她怀里聆听她心跳的声音？
4. 你觉得她和他之间的感情是爱情吗？为什么？
5. 请你设想一下他们俩的未来。

一诺千金

课前思考

1. 你在和别人相处的过程中，肯定遇到过别人说话算数或不算数的情况，这时候你会有什么不同的感受？
2. 你听说过“守信用”这个词吗？你觉得应该怎么评价“守信用”这种行为？
3. 这篇课文的作者秦文君是中国当代著名作家。课文讲的就是两个关于“守信用”的故事。请你读一读，想一想你对课文中的人物和所表达的主题的看法。

第一部分

我做女孩时曾遇上一个男生开口问我借钱，而且张口就是借两元钱，在当时，这相当于我两个月的零花钱。我有些犹豫，因为人人都知道那男生家很贫穷，他母亲仿佛是个职业孕妇，每年都为他生一个弟弟或妹妹。她留给大家的形象不外乎两种：一是腹部隆起行走蹒跚；另一种是刚生产完毕，额上扎着布条抱着新生婴儿坐在家门口晒太阳。

我的为难令那男生难堪，他低下头，说那钱有急用，又说保证五天内归还。我不知怎么来拒绝他，只得把钱借给了他。

时间一天一天过去，到了第五天，男生竟没来上学。整个白天，我都在心里责怪他，骂他不守信用，恍恍惚惚的总想哭上一通。

1 一诺千金	yí nuò qiān jīn		形容说话算数，所许诺言信实可靠。也说“千金一诺”。
2 孕妇	yùnfù	（名）	怀孕的妇女。pregnant woman
3 腹部	fùbù	（名）	肚子。belly; abdomen
4 隆起	lóngqǐ	（动）	鼓起来，凸出。
5 蹒跚	pánshān	（形）	走路缓慢、摇摆的样子。
6 完毕	wánbì	（动）	结束。（完毕——完结）
7 额	é	（名）	额头，脑门儿。forehead
8 新生	xīnshēng	（形）	刚产生的；刚出现的。
9 为难	wéinán	（形）	感到难以应付。（为难——难为）
10 难堪	nánkān	（形）	不好意思。
11 归还	guīhuán	（动）	把借来的钱或物还给原主。
12 责怪	zéguài	（动）	责备、埋怨。
13 信用	xìnyòng	（名）	能够履行跟人约定的事情而取得的信任。
14 恍惚	huǎnghū	（形）	神志不清；精神不集中。

夜里快要睡觉时忽然听到窗外有人叫我，打开窗，只见窗外站着那个男生，他的脸上淌着汗，手紧紧攥着拳头，哑着喉咙说："看我变戏法！"他把拳头搁在窗台上，然后突然松开，手心里像开了花似的展开两元钱的纸币。

我惊喜地叫起来，他也快活地笑了，仿佛我们共同办成了一件事，让一块悬着的石头落了地①。他反复说："我是从旱桥奔过来的。"

后来，从那男生的获奖作文中知道，他当时借钱是急着给患低血糖②的母亲买葡萄糖③，为了如期归还借款，他天天夜里到北站附近的旱桥下帮菜家推菜。到了第五天拂晓他终于攒足了两元钱，乏极了，就倒在桥洞中熟睡，没料到竟酣睡了一个白天和黄昏。醒来后他就开始狂奔，所有的路人都猜不透这个少年为何十万火急地穿行在夜色中。

那是我和那男生的唯一的一次交往，但它给我留下的震撼却是绵长深切的。以后再看到"优秀"、"守信用"之类的字眼，总会联系上他，因为他身上奔腾着一种感人的一诺千金的精神。

那个男生后来据说果然成就了一番事业，也许他早已遗忘了我们相处的这一段，可我总觉得那是他走向成功的源头。

第二部分

一诺千金看来只是一种作风，一种实在，一种牢靠，可它的内涵涉及对世界是否郑重。诚挚、严谨的人做人做事自然磊落，落地生根，一言既出，驷马难追。那种准则的含义已超出了本身，而带着光彩的人类理想和精神、正气在其中。

15 淌	tǎng	（动）	往下流。
16 攥	zuàn	（动）	握。
17 哑	yǎ	（形）	嗓子干涩发不出声音，或发音低而不清楚。
18 戏法	xìfǎ	（名）	魔术。magic;conjuring trick
19 患	huàn	（动）	得（病）。
20 如期	rúqī	（副）	按照期限。
21 借款	jièkuǎn	（名）	借用的钱。

22 拂晓	fúxiǎo	（名）	天快亮的时候。
23 攒	zǎn	（动）	积聚；储蓄。
24 乏	fá	（形）	疲倦。
25 酣睡	hānshuì	（动）	熟睡。
26 为何	wèihé	（副）	为什么。
27 十万火急	shíwàn huǒjí		形容事情紧急到了极点。
28 唯一	wéiyī	（形）	只有一个；独一无二。
29 震撼	zhènhàn	（动）	震动；摇撼。
30 绵长	miáncháng	（形）	延续很长。
31 深切	shēnqiè	（形）	深刻而切实。
32 奔腾	bēnténg	（动）	跳跃着奔跑。
33 遗忘	yíwàng	（动）	忘记。
34 相处	xiāngchǔ	（动）	彼此接触来往，互相对待。
35 源头	yuántóu	（名）	水发源的地方。
36 牢靠	láokào	（形）	稳妥可靠。
37 内涵	nèihán	（名）	一个概念所包含的内容。intention
38 是否	shìfǒu	（副）	是不是。
39 郑重	zhèngzhòng	（形）	严肃认真。
40 诚挚	chéngzhì	（形）	诚恳真挚。
41 严谨	yánjǐn	（形）	严密谨慎。
42 磊落	lěiluò	（形）	（心地）正大光明。
43 落地生根	luò dì shēng gēn		植物的种子落地以后扎根生长。文中比喻说话算数，说到做到。
44 一言既出，驷马难追	yì yán jì chū, sì mǎ nán zhuī		一句话说出了口，就是套四匹马的车也追不回，形容话说出之后，无法再收回。
45 准则	zhǔnzé	（名）	言论、行动等所依据的原则。
46 含义	hányì	（名）	（词句等）所包含的意义。
47 正气	zhèngqì	（名）	光明正大的作风或风气；刚正的气节。

然而处在大千世界，有着太多随意许诺，却从不兑现的人。那种人较之于一诺千金的人似乎活得轻松，可惜，这种情景不会长久，一个人失信多了，他的诺言也就被当成戏言，大打折扣，全面降价，且不说别人会怎样看轻他，就是他自己，那种无聊、倦怠都会渐渐袭上心头。人一沾上那种潦倒的气味，做人的光彩就会大为逊色。

去年秋天的一个傍晚，天降大雨，那是场罕见的倾盆大雨，我打着伞去车站接一个朋友，我们曾约定，风雨无阻。我在车站久等也没见朋友露面，倒是看到一个少年，没带伞，抱着肩瑟瑟地站在车牌边守候。我把伞伸过去，他感激地说谢谢，告诉我说，他也是在这儿等一个朋友。车一辆一辆开过，雨在伞边上形成一道道雨帘，天地间白茫茫的，怎么也不见我们所盼望的人。我对少年说，他们也许不会来了，可少年固执地摇摇头。又来了一辆车，突然，车上跳下一个少年，无比欢欣地叫了一声。伞下的少年一下蹿了出去，两个人热烈地击掌问候，那份快乐是如此坦荡无愧，相互的欣赏流淌在那一击中，让目睹那画面的我感到一种灵魂的升华。

我终于未能等到我的那份欣喜，当我失望而归，却在家接到朋友的电话。她说雨实在太大，所以……我想说，当时约定时为何要说风雨无阻，完全可以说大雨取消。既然已说了风雨无阻，区区风雨又何足畏惧。不过，我什么也没说，只是轻轻地挂断了电话。因为对于并不怎么看重诺言的人，她会找出一千条为自己开脱的理由，而我，更爱腾出时间想想那两个相会在暴雨中的少年。

（作者：秦文君，选自《语文课外阅读》（第五册））

48 大千世界	dàqiān shìjiè		指广阔无边的世界。
49 随意	suí yì		任凭自己的意思。（随意——随便）
50 许诺	xǔnuò	（动）	答应。
51 兑现	duìxiàn	（动）	比喻实现诺言。
52 失信	shī xìn		答应别人的事没有做，失去信用。
53 戏言	xìyán	（名）	随便说说并不当真的话。
54 打折扣	dǎ zhékòu		比喻不完全按规定的、已承认的或已答应的来做。
55 看轻	kànqīng	（动）	不重视。

56 倦怠	juàndài	（形）	疲乏困倦。
57 袭	xí	（动）	袭击；侵袭。
58 心头	xīntóu	（名）	心上，心里。
59 潦倒	liáodǎo	（形）	情绪低落；不如意。
60 逊色	xùnsè	（形）	差；不好。
61 罕见	hǎnjiàn	（形）	难得见到，很少见到。
62 倾盆大雨	qīng pén dà yǔ		大雨像从盆里泼出来一样。比喻雨下得非常大。
63 风雨无阻	fēngyǔ wú zǔ		事情不因刮风下雨而受阻，照常进行。
64 瑟瑟	sèsè	（形）	形容发抖的样子。
65 帘	lián	（名）	有遮掩作用的东西。(hanging) screen; curtain
66 白茫茫	báimángmáng	（形）	形容云、雾、雪、大水等白得一望无边。
67 固执	gùzhi	（形）	（性情或态度）古板执著，不肯变通。（固执——顽固）
68 击掌	jīzhǎng	（动）	双方互相拍击手掌，表示对所立誓言永不反悔，或表示鼓励、庆贺等。
69 坦荡	tǎndàng	（形）	形容心地纯洁，胸怀宽阔。
70 无愧	wúkuì	（动）	没有什么可以惭愧的地方。（无愧——不愧）
71 目睹	mùdǔ	（动）	亲眼看到。
72 升华	shēnghuá	（动）	比喻事物的提高和精炼。
73 区区	qūqū	（形）	（数量）少；（人或事物）不重要。
74 畏惧	wèijù	（动）	害怕。
75 看重	kànzhòng	（动）	很看得起；看得很重要。
76 开脱	kāituō	（动）	解除（罪名）；推卸（对过失应负的责任）。
77 腾	téng	（动）	使空出时间、空间、人力等。

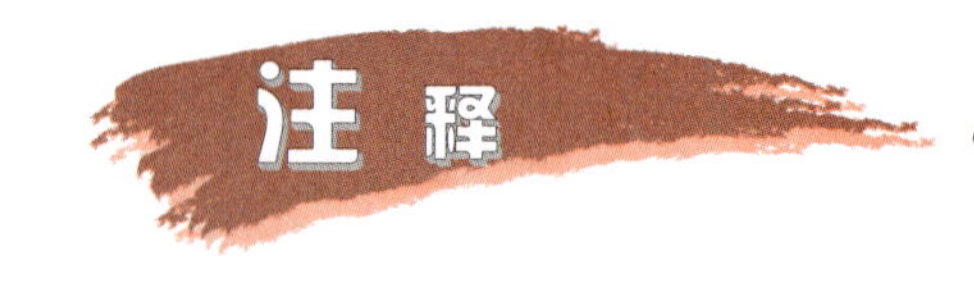

① 一块悬着的石头落了地 yí kuài xuánzhe de shítou luòle dì：比喻解除担心，完全放心了。

② 低血糖 dī xuètáng：hypoglycemia。血液中葡萄糖过低而引起饥饿感、心悸、出汗、昏迷等症状，重者甚至会死亡。

③ 葡萄糖 pútáotáng：glucose；dextrose。一种重要的营养物质，在葡萄中含量多，是人和动物能量的主要来源。

词语辨析

1 完毕——完结

【牛刀小试：把"完毕"和"完结"填入下面的句子中】

1. 检查（　　）后，医生向病人解释了目前的情况。
2. 现在事情还没有（　　），还需要我们做进一步的研究和处理。
3. 接到一个短信后，他没等会议（　　）就匆匆离开了。
4. 道路还没有修理（　　），所以目前这个地区还不能通车。
5. 一个学期（　　）了，同学们旅游的旅游，回家的回家。

【答疑解惑】

语义

这两个词都有"结束"的意思，但侧重点有所不同。"完毕"着重在事情进行的过程，表示已经完成；"完结"着重在事情的结果，表示终结、不再存在。

（1）消毒完毕，工作人员离开了病房。

（2）老师让我表演完毕之后去她的办公室。

（3）他的生命已经完结。

（4）人类对自然界的认识永远不会完结。

用法

词性：这两个词都是动词。

（5）事情已经完毕（完结）了。

从搭配来看，在大部分情况下，“完毕”的前面为动词，“完结”的前面为名词。例如：关系完结/感情完结/姻缘完结/矛盾完结/生命完结/战争完结/学期完结/假期完结/故事完结/电影完结/小说完结/项目完结/任务完结。在这些搭配中，“完结”不能被“完毕”代替。

2 为难——难为

【牛刀小试：把“为难”和“难为”填入下面的句子中】

1. 这么多事情都压在你一个人身上，真（　　）你了。
2. A：我已经帮你把东西都收拾好了。

   B：（　　）你想得这么周到。太感谢啦！
3. 他的朋友请他马上去机场接机，这让他很（　　），因为公司正好有重要的事情需要处理。
4. 别（　　）他了，还是我自己来解决这个问题吧。
5. 爸爸希望我学医学，妈妈希望我学法律，这可让我太（　　）啦！

【答疑解惑】

语义

这两个词都有“作对或刁难”的意思。不同之处在于：

a. “难为”还有“多亏（指做了不容易做的事）”的意思，“为难”没有。

（1）真是难为你了，要不是你，我还不知道怎么办呢。

（2）一个人带着三个孩子，真难为她了。

b. “难为”还可以用于客套话，用于感谢别人为自己做事。

（3）难为你还帮我把行李搬进来。

（4）难为你想得这么周到。

用法

词性：都可以做动词。

（5）我决定辞职了，因为我的上司经常有意为难（难为）我。

（6）孩子太小了，还理解不了这么复杂的题目，就别再为难（难为）他了。

不同之处在于，“为难”还可以做形容词，有“感到难以应付”的意思。

（7）朋友突然向我借一万块钱，这件事让我好为难。

（8）别让人做为难的事了，还是自己解决吧。

3 随意——随便

【牛刀小试：把“随意”和“随便”填入下面的句子中】

1. 作为老师，在学生面前要注意自己的形象，不能太（　　）。
2. 孩子大了，也不听父母的话了，只好（　　）他吧。
3. 这个公司的老板特别好，允许员工带宠物上班，上班的时间也（　　）大家的（　　）。
4. 这条裙子的颜色很好，你可以（　　）搭配各种上装。
5. 这只小狗真有意思，（　　）主人走到哪儿，它都跟到哪儿。

【答疑解惑】

语义

在做动词时，都有“任由某人的心意活动”的意思。

（1）周末是去香山还是去颐和园，随你的便（意）。

（2）今天的活动很丰富，可以吃东西，可以跳舞，也可以看电影，请诸位随便（随意）吧。

在做形容词时，都有“不受拘束、不受限制”的意思。

（3）家人都出去了，我自己一个人待在家里非常随便（随意）。

（4）他平时的穿着很随便（随意），只有在正式场合才穿得比较讲究。

不同的是，“随便”还有指人自由散漫的意思，含贬义。

（5）小王平时太随便了，想来就来，想走就走，结果被公司开除了。

在做副词时，都有“不加限制”的意思。

（6）这里的衣服种类很多，你可以随便（随意）挑选。

（7）东西不要随便（随意）乱放，要不然到用的时候就不容易找到。

用法

做动词时，“随便”可以带宾语，“随意”不行。

（8）大学毕业以后是继续读书还是找工作，就随便他自己吧，做父母的不要干涉太多。

做形容词时，“随便”可以重叠，“随意”不行。

（9）上课时要认真专心，不能随随便便的。

“随便”还可以做连词，“随意”不行。

（10）随便什么书他都想翻一翻，了解一下书的内容。

（11）随便你怎么劝，他就是不听。

4 固执——顽固

【牛刀小试：把“固执”和“顽固”填入下面的句子中】

1. 多听听别人的意见没坏处，别总是（　　）己见。
2. 这种皮肤病很（　　），一到夏天就容易反复发作，平时一定要多注意。
3. 老王是个（　　）的人，一旦拿定主意，你说什么他都不会听的。
4. 我爷爷在抽烟方面是个（　　）派，医生跟他说了多少次都没用。
5. 他提出的改革设想受到（　　）势力的竭力反对，半途流产了。

【答疑解惑】

语义

这两个词都有“坚持不肯改变”的意思；不过它们的语义轻重有所不同，“固执”的语义程度轻，“顽固”的语义程度重。另外，“固执”是中性词，所坚持的可以是对的也可以是错的；“顽固”是贬义词，所坚持的是错的、不好的事情，多用于批评别人。

（1）他这个人真固执，一定要完全按计划去做，不能有丝毫的改动。

（2）你明明知道自己错了，为什么还要固执（顽固）地坚持下去呢？

用法

词性方面：这两个词都可以做形容词。

搭配方面：“固执”多修饰性格、看法等；“顽固”多修饰立场、弊端等。另外“固执”还可以在固定搭配“固执己见”中使用，而“顽固”没有此用法。

常与“固执”搭配的词语有：性格、脾气、思想、看法、态度、行为等。

常与“顽固”搭配的词语有：头脑、立场、观念、势力、疾病、弊病、陋习等。

此外，“顽固”还可以构成“老顽固”、“顽固派”等词语。

5 无愧——不愧

【牛刀小试：把“无愧”和“不愧”填入下面的句子中】

1. 我觉得我对待工作的态度是尽心尽力的，所以我问心（　　）。
2. 刘导演执导的电影几乎部部获奖，（　　）是一位优秀的电影艺术家。
3. 在照顾父母的问题上，我觉得自己的行为（　　）于心。
4. 他（　　）是国家一级运动员，100米轻轻松松就能跑进10秒。
5. 他在关键时刻舍身救人，表现了伟大的英雄主义精神，（　　）于“人民警察”这个称号。

【答疑解惑】

语义

这两个词一般都用于表示褒义的方面。但“无愧”表示没有什么感到惭愧的地方；“不愧”表示当得起。

（1）他的行为无愧于祖国。

（2）这里不仅风景优美，而且名胜古迹很多，不愧是闻名世界的游览胜地。

用法

“无愧”是动词，常常与“于”连用；“不愧”是副词，常常跟“是”、“为”连用。

（3）“英雄”这个称号他当之无愧。

（4）他做人的原则是：不求事事完美，但求问心无愧。

（5）为了抢救别人，他献出了自己的生命。他的行为无愧于医生这个职业。

（6）他不愧是这个学校最优秀的老师，讲起课来学生都爱听。

（7）这匹黑马每次比赛都能赢，不愧为全国赛马比赛的冠军。

1 她留给大家的形象不外乎两种：……

【解释】不外乎：动词，也说“不外”，意思是“不超出某个范围”。

【举例】（1）她喜欢看的小说不外乎就是言情和武侠，别的她不感兴趣。

（2）老师们开会讨论的话题不外乎上课的方法、学生的情况什么的。

（3）常常去游泳馆的人不外乎小王、小李、小张他们几个。

【练习】用“不外乎”改写或完成句子：

（1）他每天的生活都是“两点一线”，不是上班就是回家吃饭、睡觉、看书。

（2）一般人心情不好有各种各样的原因，归纳起来看，包括主观和客观两方面。

（3）老刘是个“孔子迷”，________________。

（4）这家电脑公司生产的产品________________。

2 以后再看到“优秀”、“守信用”之类的字眼，……

【解释】之类：意思是“像……一类的人或事物”。

【举例】（1）由于弦的振动而发音的乐器叫弦乐器，如琵琶、二胡、提琴之类。

（2）像保护环境、保护动物之类的问题，早已成为全世界共同关心的热点问题了。

（3）对唐诗、宋词之类的作品，她都非常喜欢，常常背诵。

【练习】用“之类”改写或完成句子：

（1）面条、包子、饺子；既好吃又有营养，我都很喜欢。

（2）他们一家都酷爱运动；篮球、排球、跑步等运动他们都喜欢。

（3）我们学过的很多成语都是从古代的故事里来的，______________。

（4）______________________，都是对健康有害的，必须加以改变。

3 ……，可它的内涵涉及到对世界是否郑重。

【解释】是否：副词，“是不是”的意思。后面可以加动词或形容词。

【举例】（1）这篇毕业论文是否能够通过，主要要看文章的内容和写作水平。

（2）如果你跟朋友闹矛盾了，你首先应该反省一下自己，看看自己是否有什么做得不好的地方。

（3）一种理论是否准确，要经过客观事实的检验，而不是某个人说了算。

【辨析】是否——是不是

意思一样，但在用法上“是不是”后面可以带名词性成分，而“是否”不能。如“那个人是不是小王？/这里是不是鼓楼大街？/那本书是不是你的？”这些句子中，“是不是”都不能用“是否”来代替。

【练习】用“是否”完成对话：

（1）A：你不是说暑假要去九寨沟旅行吗？现在准备得怎么样了？

B：______________________________。

（2）A：我是个进化论者，相信人是从猴子进化而来的。你呢？

B：______________________________。

（3）A：那部电影是名导演拍的，参加演出的又全是名演员，一定能得奖。

B：______________________________。

（4）A：你还是去考研究生吧，我觉得人的学历越高，能力就越强。

B：______________________________。

4 大打折扣

【解释】大：副词，表示程度深，范围广。

【举例】大有余地/大有问题/大有作为（能充分发挥作用）/大有人在（人数很多）/大有希望/大有文章（比喻隐含着很多值得注意和思考的东西）/大吃一惊/大

打出手（凶狠地打人或互相殴打）/大发慈悲（用慈善同情之心待人）/大发雷霆（比喻发很大的脾气）/大惑不解（非常疑惑，不明白）/大失所望（很失望）/大显身手（充分显示自己的才华和能力）/大煞风景（大大破坏了优美的风景或比喻很令人扫兴）/大错特错

【练习】选择上面的词语填空：

（1）他把那笔重要的生意做砸了，总经理对他（　　　　）。

（2）你这种想法真是（　　　　）。

（3）虽然国家已经立法保护野生动物，但偷猎野生动物的还是（　　　　）。

（4）祝贺你找到了理想的工作，这下你可以（　　　　）了。

（5）这里的自然景色本来非常美，但加上了这些人造的东西以后，真是（　　　　）。

（6）爸爸知道了我糟糕的考试成绩以后，（　　　　），都快把我吓死了。

5 且不说别人会怎样看轻他，就是他自己，那种无聊、倦怠都会渐渐袭上心头。

【解释】且不说……，就是……也/都……：也说“别说（不要说）……，就是……也/都……”，意思是暂且不说某种大家熟知的，或应该如此的一般情况，就是退一步来说，在某种特殊的情况下，也是同样的结果。“就是”后面列举与前面不同的、不一般的情况。“且不说”也可以说成“且不论”、“且不谈”、“且不讲”等。

【举例】（1）他的作品且不说在中国，就是在世界上也是很有影响的。

（2）她天生丽质，且不说穿名牌时装，就是穿很普通的衣服都显得楚楚动人。

（3）王风是个非常喜欢动物的人，且不说小猫小狗这些可爱的动物，就是不太好看的动物他都喜欢。

【练习】用“且不说……，就是……也……”改写或完成句子：

（1）那件事他谁都没有告诉；一般朋友；妻子孩子。

（2）他是一个快乐的人；天气好的时候；天气不好的时候。

（3）他是一个非常细心体贴的丈夫，________________________________。

（4）我朋友是个超级网迷，________________________________。

6 大为逊色

【解释】大为：副词，表示程度深、范围大。

【举例】大为提高/大为高兴/大为愤怒/大为改观/大为失望/大为吃惊/大为难过/大为

生气/大为满意/大为降低/大为丰富/大为感兴趣/大为赞赏

【练习】用"大为"改写或完成句子：

（1）我从云南出差回来，给妈妈带了她最喜欢的蜡染工艺品，把妈妈高兴坏了。

（2）当我告诉他，我们的好朋友小李是个杀人犯时，他________________。

（3）小马跳槽到了另一家国际知名的大公司，________________。

（4）回国后，朋友们听见我用流利的汉语交流，________________。

7 区区风雨又何足畏惧。

【解释】何：疑问代词。表示反问；足：值得。何足畏惧：不值得畏惧。

【举例】（1）A：大夫，感谢你治好了我多年的老毛病，可以说你给了我第二次生命。

B：哪里哪里。区区小事，何足挂齿！

（2）王先生，您太过奖了。我只是个初学者，各方面都还有待提高，区区一篇习作，何足称道！

【链接】不足为奇：不值得奇怪。

无足轻重：无关紧要。

微不足道：小得不值得一提。

【练习】用上面所举例词改写对话或完成句子：

（1）A：你敢不敢在深夜一个人外出？

B：那有什么不敢？黑暗对我来说是小事，不值得害怕。

（2）A：这次你帮了我这么大的忙，真不知道怎么感谢你。

B：咱们是好朋友，说这些客气话干吗？

（3）这种树在北方很少见，但在我的老家南方就有很多，________________。

（4）睡眠的长短对人体的健康很重要，并不是________________。

综合练习

I 词语练习

一 用画线的字组词

1. 腹部：（　　　）（　　　）（　　　）（　　　）

2. 郑重：（　　　）（　　　）（　　　）（　　　）
3. 责怪：（　　　）（　　　）（　　　）（　　　）
4. 固执：（　　　）（　　　）（　　　）（　　　）

二 填入合适的名词

蹒跚的（　　）	新生的（　　）	郑重的（　　）
诚挚的（　　）	潦倒的（　　）	罕见的（　　）
归还（　　）	责怪（　　）	看轻（　　）
患（　　）	攥（　　）	攒（　　）

三 填入合适的动词

难堪地（　　）	惊喜地（　　）	深切地（　　）
随意地（　　）	瑟瑟地（　　）	固执地（　　）

四 写出下列词语的近义词或反义词

（一）写出近义词

难堪——	震撼——	牢靠——
诚挚——	看轻——	畏惧——

（二）写出反义词

深切——	诚挚——	郑重——
降价——	看轻——	罕见——

五 选词填空

完毕　完结　为难　难为　随意　随便　固执　顽固　无愧　不愧

1. 演员们表演（　　），观众们报以热烈的掌声。
2. 他们的关系已经彻底（　　）了，再也没有恢复的可能了。
3. 问题已经解决了，但事情并没有就此（　　），双方的关系依然非常紧张。
4. 因为她拒绝了老板的求爱，让老板觉得很没有面子，所以最近老板常常在工作上（　　）她。
5. 昨天我的一个朋友突然提出来向我借钱，这让我非常（　　）。
6. 父亲去世以后，母亲既要工作，又要照顾我们兄弟俩，真够（　　）她的了。
7. 我跟爸爸妈妈商量上大学的专业时，他们说（　）我的（　），只要我喜欢就行了。
8. 孩子的心理健康是一个非常重要的问题，家长绝对不能（　　）地对待。

9. (　　　) 什么水果她都爱吃，即使是酸的也不例外。
10. 这种病毒非常（　　　），在沸水中煮15分钟还不能杀死它。
11. 这种洗衣粉去除了我衣服上一块非常（　　　）的污渍，真不错。
12. 其实一个人性格（　　　）并不一定都是坏事，关键要看是什么事情。
13. 人们都说他是动物的保护神，他真是当之（　　　）。
14. (　　　) 是有经验的老师，无论学生问什么问题，他都能沉着应对。
15. 不管别人怎么说我都不在乎，只要我问心（　　　）就行了。

六 解释句子中画线词语的意思

1. 整个白天，我都在心里责怪他，骂他<u>不守信用</u>。
   A. 不信任别人
   B. 不能保守别人的信任
   C. 不遵守诺言而失去别人的信任
2. 仿佛我们共同办成了一件事，让<u>一块悬着的石头落了地</u>。
   A. 事情已经过去了　　B. 心里觉得非常高兴　　C. 大家都放心了
3. 为了<u>如期归还借款</u>，他天天夜里到北站附近的旱桥下帮菜家推菜。
   A. 按照期限归还所借的钱
   B. 按时归还借给别人的钱
   C. 在一定的期限后还借的钱
4. 那个男生后来据说果然<u>成就了一番事业</u>。
   A. 成了一个事业家　　B. 事业取得了成功　　C. 成了一个做事业的人
5. 且不说别人会怎样看轻他，就是他自己，那种无聊、倦怠都会渐渐<u>袭上心头</u>。
   A. 影响心情，产生不好的情绪　　B. 侵袭到你的心脏
   C. 心灵受到了伤害

七 选择正确的答案

1. 朋友违反了交通规则还跟警察吵架，他的行为真让我觉得（　　　）。
   A. 难堪　　B. 难为　　C. 难怪
2. 这个人做生意不（　　　）信用，你最好别跟他合作。
   A. 说　　B. 讲　　C. 论
3. 她失恋后，心里非常痛苦，回到家里大哭了一（　　　）。
   A. 通　　B. 趟　　C. 番
4. 丽丽的小手紧紧地（　　　）着家里的钥匙，生怕丢了。
   A. 攒　　B. 攥　　C. 悬

5. 这个牌子的电器质量很（　　），你完全可以信任它。

A. 牢固　　B. 牢记　　C. 牢靠

6. 既然已经犯了错误，就不要再找理由给自己（　　），赶紧改正就是了。

A. 开脱　　B. 开销　　C. 开释

八 选择下面的成语填空，并模仿造句

一诺千金　十万火急　落地生根　一言既出，驷马难追
大千世界　倾盆大雨　风雨无阻

1. 王老板这个人做生意极讲信誉，可以说（　　），从来没有违背过协议。
2. 我们俩原来说好下午六点在车站见面，（　　），可他竟失约了，真让我失望！
3. 昨天夜里，这里下起了十分罕见的（　　），马路上的积水有半米深。
4. 大丈夫（　　），我既然说了由我来承担责任，我就会说到做到。
5. 现在病人正在抢救，需要输血。这件事情（　　），关系到病人的生命。
6. 我从电视上看到了水从下往上流的奇观，真是（　　），无奇不有。
7. 他是外乡人，几年前才来的，但现在已经在这里成家立业，（　　）了。

Ⅱ 课文理解练习

一 根据课文内容判断正误

读第一部分课文，做下面的题：

1. 做女孩时，一个男生要向"我"借钱，可"我"不愿意借给他。（　　）
2. 那个男生家贫穷的原因是他母亲生的孩子太多了。（　　）
3. 一到他们约定的第五天，那个男生就把钱还给"我"了。（　　）
4. 那个男生借钱是为了要马上带他妈妈去看病。（　　）
5. 那个男生是靠自己打工还了"我"的钱。（　　）
6. "我"觉得那个男生是一个优秀的、守信用的人。（　　）
7. 那个男生后来在事业上取得了成功。（　　）

读第二部分课文，做下面的题：

8. 作者认为一诺千金只是一种作风，一种性格。（　　）
9. 一诺千金的人比随意许诺而又从不兑现的人活得轻松。（　　）
10. "我"在与朋友约会时已经说好，两个人是一定要见面的。（　　）
11. 那个在雨中等人的少年与朋友的击掌表示了相互之间的欣赏。（　　）

12. “我”后来在电话中责怪那个朋友不守信用。（　　）

二 根据课文内容，用指定的词语回答问题或进行讨论

1. “我”做女孩时与那个男生之间发生了一件什么事？
（开口　而且　相当于　犹豫　因为　说　又说　竟　忽然　惊喜）
2. 那个男生为什么要向“我”借钱？他是怎么还钱的？
（后来　患　为了　如期　攒　乏　酣睡　没料到　狂奔）
3. “我”是怎么评价那个男生的行为的？
（唯一　但　震撼　因为　一诺千金　严谨　据说　成就　源头）
4. 作者为什么如此看重“一诺千金”这种品质？
（只是　可　涉及　是否　超出　然而　较之于　且不说　大为）
5. “我”在大雨中等人时，又遇到了什么样的事情？“我”为什么更爱回想那两个相会在暴雨中的少年？
（罕见　久等　倒是　固执　击掌　如此　失望　何足畏惧　开脱　腾）
6. “我”与那个男生只交往了一次，但为什么会留下“绵长而深切的震撼”？
7. 在作者看来，雨中等人的“少年”和相约见面的“朋友”的行为差异说明了什么？
8. “我”对“一诺千金”有什么样的看法？为什么如此看重一诺千金这种品质？

三 思考与表述

1. 读完全文，你对“一诺千金”这个词有什么新的理解？简单谈谈你对这个词或文章内容的看法。
2. 你认为“一诺千金”这种价值观在现代社会中还有存在的意义吗？
3. 说说你遇到的一件“一诺千金”或正好相反的事，谈谈你自己的感受。

四十年的等待

① 故事发生在1949年5月5日。

② 这天下着大雨，而且风势猛劲，上海的黄浦江上浊浪滚滚，好像一

锅煮开了的水，正在沸腾。北京路口的外滩码头上挤满了人，招商局开往台湾的复兴轮即将启碇（dìng），人们都争先恐后地抢着登船。人群中一对青年男女正拥在一起殷殷道别，工程师王宝华是交通大学的高材生，他的未婚妻李玉洁在中西女中教英文。宝华与玉洁自小邻居，一同住在愚园路的梅村里。李家妈妈到王家去串门子，总带着玉洁一起去，王家妈妈便对玉洁说道："大囡（nān，方言，小孩儿），叫王家阿哥带你出去买东西吃。"于是宝华便拉着玉洁的手，带她到街口老大房买陈皮梅给她吃。宝华从小就会照顾大囡。玉洁对王家阿哥也只有佩服的份，她在学校里解不出的算术难题，宝华瞄一眼就知道答案了。还是很小的时候，宝华8岁吧，玉洁才6岁，有一天，两个小人儿蹲在梅村院子里的蔷薇花架下玩儿泥巴。宝华对玉洁说道："大囡，你阿要（方言，要不要）做我的家子婆（方言，妻子）?"玉洁搓着一双小泥手，笑嘻嘻地答道："好咯。"两个小人儿都不懂"家子婆"是什么意思，宝华听厨子阿福赶着阿福嫂叫她"家子婆"，而且叫得很亲热。宝华与玉洁原本已经订好7月28日结婚的，请帖都写好了，在梅陇镇酒家请喜酒。可是宝华的公司突然决定全部搬到台湾去，宝华挨到最后汽笛都鸣了三声才肯上船，分手前他对玉洁说道："大囡，你等我，我7月一定回来，我们结婚。"玉洁在大雨中撑着伞，望着复兴轮开出江口，渐渐消失在烟雨中。天黑了，她还是不肯离去。玉洁脸上雨水和着泪水，湿淋淋的。

③ 那是最后一班从上海开往台湾的轮船。复兴轮有去无回，那条航线骤然中断……

④ 四十年后的1989年5月15日，在兰州，这个故事有了新的续篇。

⑤ 西北的春天姗姗来迟，校园里的杨柳刚刚才抽条，这天的阳光分外灿烂，风吹在身上也是暖融融的。兰州大学的大礼堂里挤满了学生与教职员，都在听从台湾来的石化专家作专题演讲。演讲精彩，气氛热烈。专家被学生包围了半天，走出大礼堂时，人群中一位白发萧萧的老妇人迎向他蹒跚走来，站在他跟前叫了一声："王家阿哥!"老妇人看见专家满脸惊愕，说道："我是大囡，你不认得了，刚才我听了他们介绍才认出你来的。"那天晚上在旅馆里，王宝华执着李玉洁的手，两人抢着讲话，一边讲一边哭，又一边笑，讲到天亮，讲到正午。玉洁告诉宝华，他离开后的前几年，每个星期天她都到外滩江边去守望，明知他回不来了，可是她那颗心总被那滚滚而去

的江水牵系着，牵到那远处的海角天涯。1957年她来到兰州，一直在兰州大学当一名文书职员。退休至今，已有十年。玉洁幽幽地说道："你叫我等你，我等你一直等到今天。"说着，玉洁掩面痛哭起来。宝华掏出手帕忙着替玉洁拭泪，握握她的手，拍拍她的背，抚着她那一头颤动的白发叫道："大囡，大囡——"他告诉她，他在台湾，朝朝暮暮，没有一天不思念她，他也为她守身守到如今，还没娶妻。她替他织的那条枣红色围巾，他一直带在身边，年年拿出来围在脖子上，直到围巾磨穿了一个大洞，还珍藏在箱底，舍不得丢弃。这几年，台湾开放探亲，他来过内地不下十几次，到处寻找她，走遍大江南北，远到黑龙江去。总算天可怜见，让他们两人在兰州不期相逢。玉洁听着愈哭愈厉害，停不下来，宝华急得直摇她的肩膀，哄着她说道："大囡，莫哭了，你听着，我们马上结婚，阿哥讨你做家子婆，阿好？"玉洁抬起头，泪眼模糊地望着宝华，半晌，突然噗嗤（pūchī）一声破涕为笑，指着宝华说道："阿哥，你看你，怎么搞的，头发掉得一根也不剩了？" 宝华怔了一下，腼腆（miǎntiǎn）地摸摸他那光秃秃的脑袋，也跟着不胜唏嘘（xīxū）地笑了起来。

⑥ 这年7月28日，王宝华和李玉洁终于完成婚事，喜酒仍旧请在上海梅陇镇酒家，旧日交大及中西的老同学、老同事都来参加，场面热闹感人。这场婚礼，宝华与玉洁两人足足等了四十年。

（作者：白先勇，选自《故事会》）

一 根据文章内容选择正确答案

读第①—③段，做下面的题：

1. 王宝华和李玉洁的关系是：

   A. 青梅竹马的恋人　　B. 闪电恋爱的情人　　C. 早已结婚的夫妻

2. 王宝华和李玉洁的分离是因为：

   A. 家庭矛盾　　B. 经济危机　　C. 台湾与内地的阻隔

3. 分手时，王宝华和李玉洁是如何相约的？

   A. 互相联系，以后再说　　B. 互相等待，以后结婚　　C. 以后李玉洁去找王宝华

读第④—⑥段，做下面的题：

4. 四十年以后，他们在哪儿又见面了：
   A. 上海　　B. 台湾　　C. 兰州
5. 这次王宝华来到兰州的主要目的是：
   A. 学术演讲　　B. 技术指导　　C. 探亲访友
6. 当年王宝华和李玉洁分手以后，他们俩：
   A. 很快忘记对方，各自成立新家庭
   B. 一直没有中断联系
   C. 一直互相深深思念
7. 四十年后，王宝华和李玉洁的婚姻情况是：
   A. 互相等待，一直未婚　　B. 王宝华结婚后丧偶　　C. 李玉洁结婚后离婚
8. 李玉洁来到兰州做什么？
   A. 找王宝华　　B. 当文书　　C. 教英文
9. 除了思念，王宝华和李玉洁互相之间寻找过吗？
   A. 他们一直在互相寻找
   B. 1989年后王宝华找过李玉洁
   C. 1957年李玉洁到兰州找王宝华
10. 最后王宝华和李玉洁的婚礼：
    A. 在兰州举行　　B. 在上海举行　　C. 在台湾举行

二 谈一谈

1. 在文章中，王宝华和李玉洁小时候是怎么认识和交往的？
2. 四十年后，他们又是如何再一次见面的？
3. 从四十年前的分别一直到现在，他们各自的感情世界和生活状况怎么样？
4. 你如何评价王宝华和李玉洁这“四十年的等待”？

沙漠里的奇怪现象

课前思考

1. 你有没有去过沙漠？对你来说，沙漠有什么魅力？
2. 如果要用三个词来描述沙漠，你会用哪三个词？
3. 本文的作者竺（Zhú）可桢（zhēn）是一位著名的科学家。他在这篇文章中谈到了沙漠里的一些奇怪现象，并从现代科学的角度解释了这些现象产生的原因。请读一读，体会一下沙漠的辽阔、神奇，思考一下除了课文提供的知识外，关于沙漠你还了解些什么？

第一部分

古代亲身到过沙漠的人，如晋僧法显[①]、唐僧玄奘[②]，统把沙漠说得十分可怕，人们对它也就产生了深刻的印象。晋法显著《佛国记》说沙漠有很多恶鬼和火热的风，人一遇见就要死亡。沙漠是这样荒凉，空中看不见一只飞鸟，地上看不到一只走兽。举目远看尽是沙，弄得人认不出路，只是循着从前死人死马的骨头向前走。玄奘《大唐西域记》卷十二也说：东行入大流沙，沙被风吹永远流动着，过去人马走踏的脚印，不久就为沙所盖，所以人多迷路。

沙漠真像法显和玄奘所说的那样可怕么？解放[③]以来，我们的地质部、石油部、中国科学院的工作人员已经好几次横穿新疆塔克拉玛干大戈壁[④]，并没有什么鬼怪离奇的东西阻挡了他们的行进，这是什么缘故呢？

试想法显出发时只有七个和尚结队同行，而走了不久，就有人不胜其苦开了小差，有人病死途中，最后只留下他一人。唐玄奘也是单枪匹马深入大戈壁，所谓孙行者、猪八戒、沙和尚[⑤]等随从人员，那是《西游记》[⑥]小说中的神话。那时既无大队骆驼带了大量清水食品跟上来，更谈不到汽车和飞机来支援，当然就十分困苦了。

沙漠里真有魔鬼吗？在那时人们的知识水平看起来，确像是有魔鬼在作怪。但是人们掌握了自然规律以后，便可把这种光怪陆离的现象说清楚。光怪陆离的现象在大戈壁夏天日中是常见的事。当人们旅行得渴不可耐的时候，忽然看见一个很大的湖，里面蓄着碧蓝的清水。看来并不很远，但当人

1 亲身	qīnshēn	（形）	自己直接的（经验、感受等）。（亲身——亲自）
2 统	tǒng	（副）	总起来；总括；全部。
3 火热	huǒrè	（形）	像火一样热。
4 荒凉	huāngliáng	（形）	人烟少；冷清。
5 走兽	zǒushòu	（名）	泛指兽类。beast

6 举目	jǔmù	（动）	抬起眼睛（看）。
7 循(着)	xún(zhe)	（动）	遵守；依照；沿袭。
8 流动	liúdòng	（动）	移动。
9 脚印	jiǎoyìn	（名）	脚踏过的痕迹。
10 迷路	mí lù		迷失道路。
11 地质	dìzhì	（名）	地壳的成分和结构。structure of composition of the Earth's crust; geology
12 离奇	líqí	（形）	不平常；出人意料。
13 阻挡	zǔdǎng	（动）	阻止；拦住。
14 行进	xíngjìn	（动）	向前行走（多用于队伍）。
15 缘故	yuángù	（名）	原因。也作原故。（缘故——原因）
16 和尚	héshang	（名）	出家修行的男佛教徒。
17 不胜	búshèng	（动）	承受不了；不能忍受。
18 开小差	kāi xiǎochāi		军人私自脱离队伍逃跑，也泛指擅自离开岗位。
19 单枪匹马	dān qiāng pǐ mǎ		指单独行动，没有别人帮助。也说匹马单枪。
20 随从	suícóng	（动）	跟随（领导）。
21 神话	shénhuà	（名）	关于神仙或神化的古代英雄的故事。myth；fairy tale
22 骆驼	luòtuo	（名）	camel
23 困苦	kùnkǔ	（形）	（生活上）艰难痛苦。
24 魔鬼	móguǐ	（名）	宗教或神话中指迷惑人、害人性命的鬼怪。devil；demon
25 确	què	（副）	确实；的确。
26 作怪	zuòguài	（动）	指鬼怪害人，比喻坏人或坏思想捣乱，起破坏作用。
27 光怪陆离	guāngguài lùlí		形容现象奇异、色彩繁杂。
28 渴不可耐	kě bù kě nài		形容人口干，想喝水已经到了无法忍耐的地步。
29 蓄	xù	（动）	储存；积蓄。
30 碧蓝	bìlán	（形）	青蓝色。

们欢天喜地似的向湖面奔去的时候，这蔚蓝的湖却总有那么一个距离，**所谓**“可望而不可即”。阿拉伯人⑦是对沙漠广有经验的民族，阿拉伯语中**称**这一现象**为**“魔鬼的海”。这一魔鬼的法宝到了19世纪的初叶，才**被**法国数学家和水利工程师孟奇**所**戳穿。

第二部分

孟奇随拿破仑⑧所领军队到埃及⑨去和英国争夺殖民地，当时法国士兵在沙漠中见到这“魔鬼的海”**极为**惊奇，就去问孟奇。孟奇深深思考以后，指出这是因为沙漠中地面被太阳晒得酷热，贴近地面一层空气温度就比上面一两米的温度高许多。这样由于光线折光和反射的影响，人们产生了一个错觉，空中的乔木看来好像倒栽在地上，蔚蓝的天空倒映在地上，便看成是汪洋万顷的湖面了。若是近地面的空气温度下面低而上层高，短距离内相差7—8度，像在真的海边地区有时所遇见的那样，那便可把地平线下寻常所见不到的岛屿、人物**统统**倒映到天空中，成为空中楼阁，又叫做海市蜃楼。中国**向来**形容这类现象为“光怪陆离”四个字是确有道理的。

在沙漠里边不但光线会作怪，声音也会作怪。唐玄奘相信这是魔鬼在迷惑人，直到如今，住在沙漠中的人们，却也还有相信的。群众**把**会发出声音的沙地**称为**“鸣沙”。在现宁夏回族自治区中卫县靠黄河有一个地方叫鸣沙山，即在今日沙汶头地方，科学院和铁道部等机关在此设有一个治沙站，站的后面便是腾格里沙漠⑩。沙漠在此处已紧逼黄河河岸，沙高约一百米，沙

31 欢天喜地	huān tiān xǐ dì		形容非常欢喜。
32 蔚蓝	wèilán	（形）	像晴朗的天空的颜色。
33 可望而不可即	kě wàng ér bù kě jí		只能够望见而不能够接近，形容看来可以实现而实际难以实现。
34 法宝	fǎbǎo	（名）	比喻用起来特别有效的工具、方法或经验。
35 初叶	chūyè	（名）	（一个世纪或一个朝代）最初一段时期。
36 戳穿	chuōchuān	（动）	说破；揭穿。

37 殖民地	zhímíndì	（名）	指一个国家在国外侵占并大批移民居住的地区。在资本主义时期，指被资本主义国家剥夺了政治、经济的独立权力，并受它管辖的地区或国家。colony
38 极为	jíwéi	（副）	非常（语气庄重）。
39 酷热	kùrè	（形）	（天气）极热。
40 折光	zhéguāng	（动）	（物质）使通过的光线发生折射。（of water, glass, etc.）refract light
41 反射	fǎnshè	（动）	声波或光波在传播过程中遇到障碍或与原来媒质不同的媒质面而返回。reflect
42 错觉	cuòjué	（名）	由于某种原因引起的对客观事物的不正确的知觉。
43 乔木	qiáomù	（名）	树干高大，主干和分枝有明显的区别的木本植物，如松、柏、杨、白桦等。arbor;tall tree
44 栽	zāi	（动）	栽种。
45 映	yìng	（动）	因光线照射而显出物体的形象。
46 汪洋	wāngyáng	（形）	形容水势浩大的样子。
47 顷	qǐng	（量）	1顷=66667平方米。
48 若是	ruòshì	（连）	如果；如果是。
49 地平线	dìpíngxiàn	（名）	向水平方向望去，天跟地交界的线。
50 寻常	xúncháng	（形）	平常。（寻常——平常）
51 岛屿	dǎoyǔ	（名）	岛（总称）。
52 统统	tǒngtǒng	（副）	通通。
53 空中楼阁	kōngzhōng lóugé		指海市蜃楼，多用来比喻虚幻的事物或脱离实际的理论、计划等。
54 海市蜃楼	hǎishì shènlóu		大气中由于光线的折射作用而形成的一种自然现象。常用来比喻虚幻的事物。mirage; flyaway
55 向来	xiànglái	（副）	从来；一向。
56 鸣	míng	（动）	发出声音；使发出声音。
57 设	shè	（动）	设立；布置。

坡面南坐北，中呈凹形，有很多泉水涌出。此沙向来是人们崇拜的对象，据说，每逢夏历[11]端阳节[12]，男男女女便在山上聚会，然后纷纷顺着山坡翻滚下来。这时候沙子便发出轰隆隆的巨响，像打雷一样。两年前我和五六个同志曾经走到鸣沙山顶上慢慢下来，果然听到隆隆之声，好像远处汽车在行走似的。据说，只要沙漠面部的沙子是细沙而干燥，含有大部分石英，被太阳晒得火热后，经风的吹拂或人马的走动，沙粒移动摩擦起来便会发出声音，这便是鸣沙。古人说"见怪不怪，其怪自败[13]"，沙漠里的一切怪异现象，其实都是可以用科学道理来说明的。

（作者：竺可桢，选自《语文课外阅读》（第五册），有改动）

58 呈	chéng	（动）	具有（某种形式）；呈现（某种颜色、状态）。
59 凹形	āoxíng	（名）	低于周围的形状。
60 泉水	quánshuǐ	（名）	从地下流出来的水。
61 涌	yǒng	（动）	水或云气冒出。
62 崇拜	chóngbài	（动）	尊敬钦佩。（崇拜——崇敬）
63 聚会	jùhuì	（动）	（人）会合；聚集。
64 翻滚	fāngǔn	（动）	来回翻身打滚儿；翻转滚动。
65 轰隆隆	hōnglōnglōng	（拟声）	形容雷声、爆炸声、机器声等。
66 巨响	jùxiǎng	（名）	很大的响声。
67 打雷	dǎ léi		指云层放电时发出巨大响声。
68 行走	xíngzǒu	（动）	走。
69 石英	shíyīng	（名）	一种矿物。quartz
70 吹拂	chuīfú	（动）	（微风）掠过；拂拭。
71 走动	zǒudòng	（动）	行走而使身体活动。
72 摩擦	mócā	（动）	物体和物体紧密接触，来回移动。
73 古人	gǔrén	（名）	泛指古代的人。
74 怪异	guàiyì	（形）	奇异。（怪异——奇怪）

① 法显 Fǎxiǎn：（约337—约422）东晋僧人，旅行家，翻译家。本姓龚，平阳郡（今山西临汾西南）人。中国僧人到天竺（zhú）留学的先驱者。因感中国经律残缺，于隆安三年（公元399年）偕同学慧景、道整等从长安（今陕西西安）西行求法。前后共14年，游历三十余国，带回很多梵（fàn）本佛经，并将其游历见闻写入《佛国记》。

② 玄奘 Xuánzàng：（602—664）原名陈炜（wěi），洛川缑（gōu）氏（今河南偃师）人，唐代高僧，通称三藏法师，13岁出家，629年从长安西游，历尽千辛万苦，到达印度，645年回到长安，带回经书657部，十年间与弟子共译出75部1335卷，还著有《大唐西域记》十二卷，记述他西游亲身经历的110个国家及传闻的28个国家的山川、地邑、物产、习俗等。

③ 解放 jiěfàng：指1949年新中国成立。

④ 塔克拉玛干大戈壁 Tǎkèlāmǎgān dàgēbì：一称塔里木沙漠。在新疆维吾尔自治区南部、塔里木盆地中部。面积33.76万平方公里，是中国最大的沙漠。

⑤ 孙行者、猪八戒、沙和尚 Sūn Xíngzhě、Zhū Bājiè、Shā Héshang：《西游记》里的主要人物，都是唐僧的弟子。孙行者即孙悟空。他们都是深受中国人民喜爱的艺术形象。

⑥《西游记》Xīyóujì：长篇章回小说，明吴承恩著。宋元时期，唐僧到印度取经的故事在民间广泛流传，并不断加进神怪色彩，吴承恩根据这些传说加工成一部神话小说，描写唐僧赴西天取经途中，弟子孙悟空降妖除怪，战胜艰险，到达西天取回真经的故事。

⑦ 阿拉伯人 Ālābórén：阿拉伯人是居住于阿位伯半岛的闪族人的一个成员，自7世纪以来其语言及伊斯兰宗教信仰广泛传播于中东及北非。Arab

⑧ 拿破仑 Nápòlún：（1769—1821）拿破仑一世 Napoleon I，全称 Napoleon Bonaparte，法国皇帝，1804—1815年在位。

⑨ 埃及 Āijí：Egypt

⑩ 腾格里沙漠 Ténggélǐ shāmò：在内蒙古自治区阿拉善左旗西南部和甘肃省中部边境。面积4.27万平方公里，为中国第四大沙漠。

⑪ 夏历 Xiàlì：农历，阴阳历的一种，是中国的传统历法。这种历法相传创始于夏代，也叫旧历，通称阴历。

⑫ 端阳节 Duānyáng Jié：中国传统节日，农历五月初五，也称端午节。相传古代诗

人屈原在这天投江自杀，后人为了纪念他，把这天当做节日，有吃粽（zòng）子、赛龙舟等风俗。

⑬ **见怪不怪，其怪自败 jiàn guài bú guài, qí guài zì bài**：指遇到怪异现象而不受惊扰，不以为怪，则那些怪异现象也就没什么可怕的了。

1 亲身——亲自

【牛刀小试：把“亲身”和“亲自”填入下面的句子中】

1. 这本书写的是作者在中国留学时的（　　）经历，有很多内容值得借鉴。
2. 公司总经理今天（　　）来到商店了解产品的销售情况。
3. 常听人说欢乐谷的有些游戏很惊险刺激，今天我和朋友们去玩儿了一趟，（　　）体验了一下玩儿游戏时魂飞魄散的感觉。
4. 要想知道四川名菜水煮鱼怎么好吃，你（　　）去尝一尝就知道了。

【答疑解惑】

语义

都有“强调自己”的意思。“亲身”侧重在自己体验、感受等；“亲自”侧重在因重视此事而自己去做。

（1）在地震灾区，他亲身感受到了人们在灾难中相互支持、相互温暖的情谊。

（2）爷爷亲自动手，给我们包了一顿饺子。

用法

“亲身”的适用范围较小，多与体验、感受、体会、实践等词搭配；“亲自”的适用范围较大，涉及的行为多种多样。

（3）只有自己亲身经历过才会有这种体会。

（4）要知道梨子的滋味就必须亲自尝一尝。

（5）主任亲自开车送他，使他更加坚定了圆满完成任务的决心。

“亲身”是形容词，除了做状语以外，还可做定语。“亲自”是副词，只可做状语。

（6）这是我的亲身经历。

2 缘故——原因

【牛刀小试：把“缘故”和“原因”填入下面的句子中】

1. 这次出的这个事故，都是因为他没有法律头脑的（　　）。
2. 没有必要的竞争是社会得不到发展的重要（　　）之一。
3. 考试成绩不好，要好好儿分析（　　），一味地生气、难过是没有用的。
4. 在会议上，有关专家详细分析了造成环境污染的几个主要（　　）。

【答疑解惑】

语义

都指造成某种结果或引起另一件事情发生的条件。但“原因”适用范围较“缘故”宽，凡用“缘故”的地方都能换成“原因”，反之则不可。

用法

都是名词，在做宾语时二者无明显区别。

（1）不知什么缘故（原因），老王今天没来。

（2）他忽然不辞而别，其中必有缘故（原因）。

在词语搭配上二者有差异：

a. 与社会发展、革命、自然界变化等有关的重大事件只能用“原因”，不能用“缘故”。

b.“原因”可与“发现、寻找、分析、查明、造成”等动词搭配，“缘故”不能。

（3）她向老师说明了没来上课的原因。

（4）王老师帮我分析了汉语水平停滞不前的原因。

此外，“原因”还可做主语，“缘故”不能。

（5）飞机失事的原因还有待查明。

（6）我认为导致这场价格战的主要原因是各公司之间进行恶性竞争，缺少统一的行业管理。

“原因”可用量词“个、种、条”修饰，“缘故”不能。

（7）造成这次事故的原因有三个。

3 寻常——平常

【牛刀小试：把“寻常”和“平常”填入下面的句子中】

1. 他表面上看起来很（　　），其实是个非同一般的人物。
2. 随着经济和社会的发展，电脑等高科技产品已经进入（　　）百姓家了。
3. 她（　　）天天开车上班，但今天为了响应“每月有一天不开车”的环保倡议，也坐公共汽车上班了。

4. 平时一贯温和的妈妈今天突然大发雷霆，这个情况很不（　　），全家人都紧张得要命。

【答疑解惑】

语义

都是"普通、不特别"的意思，在某些语境中语义差别不明显。

（1）这种现象很寻常（平常）。

（2）话虽寻常（平常），意义却很深刻。

用法

都可做形容词。但"寻常"常用于一些固定的四字词组中。

（3）不过是一些寻常事情，不必担心。

（4）不少科学家都出生于寻常人家，然而他们却为人类做出了异乎寻常的贡献。

"平常"可以重叠为"平平常常"，"寻常"不可重叠。

（5）这可不是一件平平常常的事。

"平常"还可做名词，意思是"平时"。"寻常"则不可。

（6）他平常总是按时到的，今天怎么还没来？

语体

"寻常"多用于书面语。"平常"书面语、口语都常用。

4 崇拜——崇敬

【牛刀小试：把"崇拜"和"崇敬"填入下面的句子中】

1. 老师不光知识渊博，而且还发表过很多作品，同学们都很（　　）他。
2. 这个居住在原始森林里的民族以太阳为（　　）的对象。
3. 歌星周杰伦是很多中国青少年（　　）的偶像。
4. 由于在作品中表现出来深刻的反思精神，他受到很多人的（　　）。

【答疑解惑】

语义

都有"尊崇、佩服"的意思。但"崇敬"侧重在对某人特别尊敬，含敬重的感情色彩，是褒义词；"崇拜"的程度比"崇敬"重，指敬佩到为之拜倒的超常程度，有时甚至达到过分、迷信的程度，是中性词。

（1）人们都很崇敬鲁迅先生。

（2）那个歌手成了很多女学生崇拜的偶像。在她们的心目中，他简直是完美无缺的。

用法

都是动词。但“崇敬”的对象一般是人；“崇拜”的对象则包括人、神或某种事物。

（3）我们崇敬孙中山先生，是因为他的心里装着整个中国。

（4）我怀着崇敬的心情，读完了这位伟大人物的传记。

（5）那些女学生崇拜他什么呢？我认为只是崇拜他的风度。

（6）几年不见，他竟然变成了一个崇拜金钱的人，以为有了钱就有了一切。

5 怪异——奇怪

【牛刀小试：把“怪异”和“奇怪”填入下面的句子中】

1. 水居然会从低处向高处流，这简直太（　　）了！
2. 他今天的语言和表情都让人觉得很（　　），和平时的表现判若两人。
3. 做生意的人都希望多挣钱，这有什么好（　　）的？
4. 我很（　　）他听到这么好的消息为什么还高兴不起来。
5. 电影中的这座古堡（　　）丛生，由此而引起了一系列的故事。

【答疑解惑】

语义

都有“异乎寻常”的意思。但“怪异”语义比“奇怪”重。

（1）洞里发出了怪异（奇怪）的声音。

用法

都可做形容词。但“奇怪”的适用范围比“怪异”大。“怪异”多做定语，“奇怪”则较自由。

（2）他的脑子里怎么会冒出这种怪异的想法？

（3）奇怪，表怎么又停了？

（4）真奇怪，他们至今还全然不知。

（5）我奇怪地问道：“他俩为什么分手了？”

“奇怪”可重叠，“怪异”不能。

（6）世界上存在着很多奇奇怪怪的现象。

“怪异”还可做名词，指某种奇异反常的现象。

（7）最近这一地区怪异丛生，大家都很紧张。

语体

“怪异”多用于书面语。“奇怪”书面语、口语都常用。

1 古代亲身到过沙漠的人，……

【解释】亲身：形容词，自己直接的（经验、感受等）。

【举例】（1）我亲身经历过大地震，现在想起来，那真是一个可怕的梦。

（2）黄山的风景非常独特。百闻不如一见，你去亲身体验一下就知道了。

【链接】亲自、亲眼、亲耳、亲口、亲手：都是副词，表示自己直接做。

【举例】（3）以前只是在书上看过日全食的奇观，这次我终于亲眼看到了。

（4）昨天我亲耳听到他对我说：“我爱你。”我好激动啊！

（5）老板亲口告诉我，不仅要提升我的工资，还要提升我的职位。

（6）离开家乡后一直没吃过妈妈亲手包的饺子，现在常常想念。

【练习】选用上面带“亲”的词改写或完成句子和对话：

（1）我们的老师不辞辛苦，带我们去了一趟鲁迅博物馆，又去了宋庆龄故居。

（2）现在四五十岁的人，______________________________。

（3）A：九寨沟你听说过吗？

B：____________________________________。

（4）A：你对这棵树有这么深的感情，它对你有什么特别的含义吗？

B：____________________________________。

2 ① 古代亲身到过沙漠的人，如晋僧法显、唐僧玄奘，统把沙漠说得十分可怕。
② 那便可把地平线下寻常所见不到的岛屿、人物统统倒映到天空中……

【解释】统/统统：副词，意思是“通通；全部”。所修饰的对象是多个事物，出现在“统统”前。

【举例】（1）副词、介词、连词、助词等统称虚词。

（2）人们一见笔战，便不问是非，统谓之“互骂”。

（3）他成天笑眯眯的，仿佛天底下的烦恼、忧愁，统统跟他无关。

（4）他把老师的话统统忘到了脑后。

【辨析】统——统统

“统”后所跟词语多为单音节，“统统”后所跟词语多为双音节。“统”多用于书面语，“统统”多用于口语；“统统”使用范围比“统”更广泛。

【练习】用“统统”完成句子：

（1）推门一看，四个人＿＿＿＿＿＿＿＿＿＿＿＿＿＿＿＿＿＿＿＿。

（2）这个公司生产的产品＿＿＿＿＿＿＿＿＿＿＿＿，在国内根本买不到。

（3）分手之前，他把她的照片＿＿＿＿＿＿＿＿＿＿＿＿＿＿＿＿＿＿。

（4）他十分喜爱老子的《道德经》，＿＿＿＿＿＿＿＿＿＿＿＿＿＿＿＿。

3 ① 过去人马走踏的脚印，不久就为沙所盖。
② 这一魔鬼的法宝到了19世纪的初叶，才被法国数学家和水利工程师孟奇所戳穿。

【解释】为/被+名词+所+动词/动词短语：构成被动句，多用于书面语。“为”是介词，相当于“被”。动词必须是及物动词。一般来说，如果动词是多音节的，“所”可用可不用；如果动词是单音节的，“所”就非用不可。能用于这个格式的动词不多，主要有：

双音节：吸引、鼓舞、感动、尊敬、战胜、克服、控制、采纳、驱使、证明、发现、欺骗、泄露、误解、暴露、迷惑、拥护等。

单音节：笑、阻、迫、动、知等。

【举例】（1）对于京剧我是外行，所说的话不免为内行（所）笑话。

（2）在调查情况时，必须不为表面现象（所）迷惑。

（3）这支登山队在途中被风雪所阻。

（4）他的话含含糊糊，能不被人（所）误解吗？

【练习】用“为/被+名词+所+动词/动词短语”改写句子：

（1）我第一次见到她的姓名，是在去年夏初。

她的姓名第一次＿＿＿＿＿＿＿＿＿＿＿＿＿＿＿，是在去年的夏初。

（2）人民群众当然拥护这样的领导。

这样的领导当然＿＿＿＿＿＿＿＿＿＿＿＿＿＿＿＿＿＿＿＿＿＿。

（3）老师采纳了大家的建议。

＿＿＿＿＿＿＿＿＿＿＿＿＿＿＿＿＿＿＿＿＿＿＿＿＿＿＿＿＿＿。

（4）他的行为如此怪异，人们能不笑话他吗？

______________________________。

4 ① **所谓孙行者、猪八戒、沙和尚等随从人员，那是《西游记》小说中的神话。**

② **看来并不很远，但当人们欢天喜地似的向湖面奔去的时候，这蔚蓝的湖却总有那么一个距离，所谓“可望而不可即”。**

【解释】所谓：形容词。用于引述别人的词语（所引词语多加引号），意思是“所说的”。另外，“所谓”还可以指某些人所说的，含有不承认、不肯定的意思。

【举例】（1）古人所谓的“天下”，实在小得可怜。

（2）如果过分强调个人的所谓“兴趣”，那就不合适了。

（3）难道这就是他们所谓的“艺术”？

（4）所谓“阳春白雪”，就是指那些高深的、不够通俗的文学艺术。

（5）有些所谓的名牌产品，只是通过做广告使知道的人多了一些。

【练习】用“所谓”改写或完成句子：

（1）我认为这样的人不应该被称为天才。

______________________________。

（2）我认为这样的生活不能说是“幸福的生活”。

______________________________。

（3）所谓朋友，______________________________。

（4）所谓“人生的黄金时间”，______________________________。

5 ① **阿拉伯语中称这一现象为“魔鬼的海”。**

② **群众把会发出声音的沙地称为“鸣沙”。**

【解释】“称”：动词，意思是“叫；称呼”。“称X为Y”和“把X称为Y”意思相同，都是“把X叫做Y”的意思。但当X较长时，多用“把X称为Y”。

【举例】（1）中国人把孕育了中华文明的黄河称为“母亲河”。

（2）他总是热心帮助别人，同学们都称他为“活雷锋”。

（3）中国人认为黄帝和炎帝是中华民族的始祖，因此中国人把自己称为“炎黄子孙”。

【练习】用“称X为Y”或“把X称为Y”完成句子：

（1）她就像母亲一样地照顾我们，______________________________。

（2）每次喝酒，他都是不醉不归，______________________________。

(3) 这个小姑娘很有表演才能，________________________。

(4) 他的词汇量大得惊人，________________________。

6 当时法国士兵在沙漠中见到这“魔鬼的海”极为惊奇，就去问孟奇。

【解释】极为：副词，“非常”的意思。书面语，语气庄重。可直接修饰多音节形容词和动词，一般不加结构助词“地”。

【举例】极为重视/极为严重/极为郑重/极为严谨/极为牢靠/极为巧妙/极为离奇/极为荒凉/极为严肃/极为恐慌/极为负责/极为不满/极为优美/极为感人/极为珍贵/极为恰当/极为认真/极为浓郁/极为危险/极为仔细/极为满意

【链接1】极：副词，意思与“极为”相同，但“极”口语书面语都用；可以修饰双音节词，也可以修饰单音节词，如“车开得极慢”；后面可以加“不”、“能”，如“极不满意、极能说明问题”；可做补语，如“高兴极了”。

【链接2】极其：副词，表示非常、极端。用法与“极为”一样。以上例子中的“极为”都可以被“极其”代替。

【练习】选用上面所给词语完成句子和对话：

(1) 他说话的语气________________，显然，他是认真的。

(2) 中国西北部的沙漠地区________________________。

(3) 这位学者的治学态度________________________。

(4) 地震发生以后，________________________。

(5) A：听说她要孩子比较晚，40岁时才有了这个女儿。

B：________________________。

(6) A：小区的道路都被堵塞了，一旦发生火灾，救火车都进不来。

B：________________________。

(7) A：我昨天从电视里看了一个海豚救人的故事，真让人感动。

B：________________________。

7 中国向来形容这类现象为“光怪陆离”四个字是确有道理的。

【解释】向来：副词，意思是“从来”，表示从过去到现在都是如此。后面可跟动词短语、形容词短语或小句，也可跟单个的双音节动词、形容词。常用于表示习惯性行为或表示对人的评价。

【举例】(1) 我向来主张孩子应该从小就学习干家务活儿。

(2) 李教授做事向来严谨认真。

(3) 跟爷爷下棋向来我输。

（4）对于老王，我向来放心。

（5）他说话向来直爽。

【链接】从来：用法基本与“向来”相同；但“从来”一般用于否定句，“向来”多用于肯定句。

【练习】用“向来”完成句子：

（1）大饭店里卖的工艺品________________，一般人都只看不买。

（2）王府井________________，到过节时，简直是人山人海。

（3）这个人________________，谁都不信任他。

（4）今天他算够不错的了，你要知道，他________________。

综合练习

I 词语练习

一 用画线的字组词

1. 流动：（　　）（　　）（　　）（　　）
2. 困苦：（　　）（　　）（　　）（　　）
3. 寻常：（　　）（　　）（　　）（　　）
4. 极为：（　　）（　　）（　　）（　　）

二 填入合适的名词

火热的（　　）　荒凉的（　　）　流动的（　　）

离奇的（　　）　蔚蓝的（　　）　酷热的（　　）

轰隆隆的（　　）　光怪陆离的（　　）

三 填入合适的形容词

（　　）的脚印　（　　）的魔鬼　（　　）的错觉

（　　）的地平线　（　　）的岛屿　（　　）的泉水

四 填入合适的量词

一（　　）神话　两（　　）骆驼　一（　　）巨响

五 写出下列词语的近义词或反义词

（一）写出近义词

亲身—— 缘故—— 阻挡——

循着—— 统统—— 寻常——

（二）写出反义词

阻挡—— 火热—— 荒凉——

怪异—— 单枪匹马——

六 选词填空（每个词只能用一次）

开 蓄 映 设 呈 涌

1. 这个池子是（　　）水用的。
2. 他看着自己（　　）在水里的脸，越看越喜欢。
3. 那家公司的总部（　　）在北京。
4. 那个士兵（　　）小差偷偷跑回了家。
5. 这种新品种的西瓜（　　）长圆形。
6. 那个演员只用了一会儿工夫，就泪如泉（　　），让人不能不佩服她的"哭功"。

阻挡 作怪 戳穿 反射 崇拜 聚会 翻滚 打雷 吹拂 摩擦

1. 古人认为沙漠里确有魔鬼在（　　），所以才会出现很多奇怪的现象。
2. 那个小孩子勇敢地说出了事实真相，（　　）了那些人编造的谎言。
3. 他已经从人变成了神，成了人们（　　）的偶像。
4. 他们一定要去，就不要（　　）了。
5. 蔚蓝的天空下，微风（　　）着绿草，几个孩子在草地上（　　）着，快乐极了。
6. 雪地把耀眼的阳光（　　）回天空。
7. 外边又（　　）又下雨的，你就好好儿在家待着吧，别往外跑了。
8. 他拿着刀不停地在石头上（　　）着。
9. 十年前的老同学决定在母校（　　），重叙旧情。

亲身 亲自 寻常 平常 缘故 原因 崇拜 崇敬 怪异 奇怪

1. 这只小猫异乎（　　），它不吃鱼虾，只吃蔬菜和水果。
2. 这次合作失败的（　　）在于对方不守信用。
3. 领导说他要（　　）处理这件事，咱们就别管了。
4. 她饱经忧患，却总是在给予别人爱和温暖，了解她的人没有不（　　）她的。

5. 他（　　）很少喝酒，只有过年过节时才喝一点儿。
6. 这种现象很寻常，没有什么可（　　）的。
7. 这个地区不少人（　　）神仙，所以也有人畏惧神仙。
8. 这位女作家在书中叙述了她患病期间的（　　）感受，其中的一些话很有震撼力。
9. 她的脑子里充满了（　　）的想法，所以她的文章总是非常荒诞。
10. 他忽然不辞而别，其中必有（　　）。

七 解释句子中画线词语的意思

1. 古代亲身到过沙漠的人，如晋僧法显、唐僧玄奘，统把沙漠说得十分可怕……
   A. 同时　　B. 全部　　C. 同样
2. ……而走了不久，就有人不胜其苦开了小差，有人病死途中，最后只留下他一人。
   A. 私自脱离队伍逃跑　　B. 去外地工作　　C. 工作不认真
3. 唐玄奘也是单枪匹马深入大戈壁……
   A. 随从少　　B. 一个人　　C. 带的东西很少
4. 看来并不很远，但当人们欢天喜地似的向湖面奔去的时候，这蔚蓝的湖却总有那么一个距离，所谓“可望而不可即”。
   A. 只看不做　　B. 看得到却达不到　　C. 可以看但不可以拿
5. 若是近地面的空气温度下面低而上层高……
   A. 但是　　B. 如果　　C. 好像
6. 在沙漠里边不但光线会作怪，声音也会作怪。唐玄奘相信这是魔鬼在迷惑人……
   A. 使人搞不清　　B. 吸引人　　C. 糊涂人

八 选择正确的答案

1. 过去人马走踏的脚印，不久就为沙（　　）盖，所以人多迷路。
   A. 所　　B. 以　　C. 并
2. 试想法显出发时只有七个和尚结队同行，而走了不久，就有人不（　　）其苦开了小差……
   A. 忍　　B. 胜　　C. 受
3. 那时既无大队骆驼带了大量清水食品跟上来，（　　）谈不到汽车和飞机来支援，当然就十分困苦了。
   A. 而　　B. 且　　C. 更
4. 沙漠里真有魔鬼吗？在那时人们的知识水平看（　　），确像是有魔鬼在作怪。
   A. 起来　　B. 上来　　C. 出来

5. 阿拉伯语中（　　　）这一现象为“魔鬼的海”。

A. 说　　　　B. 呼　　　　C. 称

6. 这一魔鬼的法宝到了19世纪的初叶，才（　　　）法国数学家和水利工程师孟奇所戳穿。

A. 被　　　　B. 把　　　　C. 使

7. 这样由于光线折射和反射的影响，人们（　　　）了一个错觉，空中的乔木看来好像倒栽在地上……

A. 发生　　　　B. 产生　　　　C. 发现

九 选择下面的成语填空，并模仿造句（每个词只能用一次）

单枪匹马　光怪陆离　欢天喜地　可望而不可即　空中楼阁　海市蜃楼

1. 听到载人飞船平安归来的消息，大家都（　　　）。
2. 刚从农村来到大都市，展现在他眼前的是一个（　　　）的花花世界。
3. 那些现象不可信以为真，那不过是（　　　）罢了！
4. 科学的顶峰不容易攀登，但绝不是（　　　）的。
5. 你的设想其实是（　　　），不可能实现。
6. 那位女记者（　　　），进入了危险地带。

Ⅱ 课文理解练习

一 根据课文内容判断正误

读第一部分课文，做下面的题：

1. 法显与同伴一起到达了目的地。（　　）
2. 唐僧玄奘独自一人走过了戈壁。（　　）
3.《西游记》真实记录了唐僧玄奘去古代印度取经的经历。（　　）
4. 唐僧玄奘骑着马成功地穿过了沙漠。（　　）

读第二部分课文，做下面的题：

5. 在夏季的白天，沙漠中经常出现光怪陆离的现象。（　　）
6. 阿拉伯语中称沙漠里光怪陆离的现象为“魔鬼的海”。（　　）
7. 19世纪，法国人孟奇指出了沙漠里光怪陆离的现象产生的原因。（　　）
8. 如今人们已不再相信沙漠中有魔鬼在作怪了。（　　）
9.“海市蜃楼”的现象只发生在沿海地区。（　　）

10. 鸣沙山一带经常打雷，鸣沙山因此得名。（　　）

11. 在当地，鸣沙成了人们崇拜的对象。（　　）

二 根据课文内容，用指定的词语回答问题或进行讨论

1. 法显所著的《佛国记》中是怎样描述沙漠的？

（恶鬼　火热　死亡　荒凉　飞鸟　走兽　尽是　弄得　循着）

2. 旅行者有时会在沙漠里看见"一个很大的湖"，孟奇是怎样解释这一奇怪的现象的？

（酷热　贴近　折射　反射　错觉　乔木　蔚蓝）

3. 鸣沙是怎样产生的？

（细沙　干燥　石英　晒　火热　吹拂　走动　移动　摩擦）

4. 根据你的知识，除了本文中描述的奇怪现象以外，沙漠里还有什么让人觉得奇怪的事情吗？

三 思考与表述

1. 你们国家有沙漠吗？你知道中国有哪些比较大的沙漠？世界上又有哪些著名的沙漠？

2. 在你看来，沙漠是个什么样的地方？你愿不愿意去沙漠探险？

3. 目前，地球沙漠化现象越来越严重，甚至在北京等一些城市，在一段时间里也出现了"沙尘暴"天气，你觉得原因何在？怎样才能避免或缓解沙漠化？

北京街头行车一乐

① 在北京的马路上开车，景致美不胜收。无论是外地人还是北京人，也无论是乘客还是司机，都可以尽情欣赏。可是有一景，也有一乐，被大多数人忽略了。这也许是司机们的专利，录此备忘，或可供列位茶余饭后"笑一笑，十年少"。

② 北京街头，车实在是多。车多司机也多。司机多，其中的新手更是不少。新手上路，难免紧张，他们都希望"老司机"关照点儿。这在汽车后

风挡玻璃上有充分的表现。

③“新手”：简洁，明快。您看着办吧。

④“新手请多关照”：直白，坦然，诚恳。谁不都得让着他点儿？

⑤“新新手”：程度等于新新人类？大约昨天才从驾校出来。

⑥“超级新手”：调侃（tiáokǎn）。闹不清这位是比新手技术高，还是比新手技术低，反正你对他客气点儿好。

⑦“才拿本”：清楚地告诉你，是这么回事，驾驶证还没焐（wù）热。

⑧还有一些就是和车有关的了：

⑨“磨合”：有的是真磨合，有的是用磨合掩盖自己的手潮。原谅他吧。

⑩“No kiss”：别亲我。友好也是保持距离。追尾的滋味儿不怎么好。

⑪“人老车老请多关照”：是真的，司机五十多，车是三型伏尔加，希望不是挺大。同情他吧。

⑫“快换车了”：是一辆菲亚特126P，请相信他吧。多真诚，是怕您着急，自己无所谓。

⑬“离远点儿，我哥是大奔”：小狂。一辆拉达，攀了个远亲。多少有那么一点儿狐假虎威。

⑭最经典的是一辆崭新的小奥拓后风挡玻璃上的浪漫：

⑮“长大了就是卡迪拉克”：自信，有志气，宣言书。别嫌它小，看它多有朝气。

⑯都说北京人多幽默，在北京街头开车，不时有些这样的“趣儿”，疲劳少了许多。

（作者：郭正方，选自《北京晚报》，有改动）

一 根据文章内容选择正确答案

读第①—⑦段，做下面的题：

1. 很多人都忽略了：

A. 北京有很多新司机　B. 北京有很多外地司机　C. 司机们写在车上的有趣的话

2.“超级新手”的意思是：

A. 比一般新手水平高　　B. 比一般新手水平低　　C. 不太明确

3.“才拿本”是告诉大家：

A. 车是新买的　　B. 刚得到驾驶证　　C. 考试终于通过了

读第⑧—⑯段，做下面的题：

4.“追尾”是指：

A. 后面的车撞上前一辆车的尾部

B. 后面的车追上并超过前面的车

C. 两辆车在行驶中保持一定距离

5.“离远点儿，我哥是大奔”，从这句话中我们可以知道：

A. 司机怕后面的车离他太近

B. 司机的哥哥有辆好车

C. 司机自己的车也是大奔

6. 这段话主要是讲：

A. 北京的司机很幽默

B. 北京的汽车种类很多

C. 北京马路边的风景很美

二 谈一谈

1. 伏尔加、菲亚特、大奔、拉达、奥拓、卡迪拉克都是中文车名，猜一猜，这些车的原名分别是什么？
2. “磨合”大概是什么意思？
3. 不少人都在自己的车上写了一两句话，你看到过什么有意思的话？如果你有一辆车，你是否也会在车上写上一两句话？你会写些什么呢？
4. 汽车也可以帮助我们了解一座城市，你所在城市街头的汽车给你留下了什么印象？由此你了解了这座城市的哪些方面？
5. 说说你学车、开车的经历。如果你还不会开车，说说你是否想学开车，并说明理由。

内部招标

课前思考

1. 你心目中的幸福家庭是什么样的?
2. 你有没有发现，随着社会的发展，中国人的家庭规模和家庭成员之间的关系在慢慢发生着变化? 你了解这些变化吗?
3. 这篇课文的作者毕淑敏是中国当代著名作家。课文中的这个故事是讲一件在作者自己家庭中发生的趣事。你读了以后，觉得他们的家庭关系怎么样? 人物的个性怎么样? 文章的语言有幽默感吗?

课文

第一部分

我家有三口人，先生、儿子和我。仿佛三个边界清晰的小国，相处还好，基本上友好睦邻；但也时时狼烟四起，争斗**不已**。

我因为写作，就有了许多需上邮局的活儿，比如和编辑部往来的稿件，给读者寄的书或是复信等等。平日里都是先生代劳，用书包携带了去，回来后我就巴结地向他道声辛苦，倒也相安无事。但天长日久了，他终于不耐烦起来。

那是一个星期天，我正预备包饺子。他气哼哼地从邮局回来了，对我说："排了半天的队，还挨了一顿训。这真不是人干的活儿。"

我说："先喝口水，消消气。"

他说："少来讨好我。今后我不干这活儿了。"

我说："那可怎么办呢？又不能为这事雇个小时工。"

他说："雇也没人干。这事太磨人。"

我说："那也不一定。重赏之下必有勇夫[①]。"

先生快活起来说："**这么说**你打算为这件事出点血了？这么着吧，你说说每个月准备出多少钱，我看看承包了是不是合算。赚的钱进我的小金库，你管不着。"

1 招标	zhāo biāo		商业活动中，对重大项目公布标准和条件，招人承包或买卖。invite tenders; invite bids
2 边界	biānjiè	（名）	国与国、地区与地区之间的界限。boundary; border
3 清晰	qīngxī	（形）	清楚。（清晰——清楚）
4 睦邻	mùlín	（动）	同邻居或邻国友好相处。

5 狼烟四起	lángyān sì qǐ		狼烟：古代用燃烧狼粪时升起的烟作为报警的信号，借指战火。狼烟四起的意思是四处都有报警的烽火，指边疆不平靖。
6 争斗	zhēngdòu	（动）	对立的一方力求战胜另一方。（争斗——斗争）
7 稿件	gǎojiàn	（名）	尚未发布或发表的文书或文字、图画等作品。
8 复信	fùxìn	（名）	答复的信。
9 平日里	píngrìlǐ	（名）	平时，一般的日子。
10 代劳	dàiláo	（动）	（请人）代替自己办事。
11 携带	xiédài	（动）	随身带着。
12 巴结	bājie	（动）	讨好，奉承。
13 相安无事	xiāng'ān wúshì		平安相处，没有冲突。
14 天长日久	tiān cháng rì jiǔ		时间长，日子久。
15 耐烦	nàifán	（形）	不急躁；不怕麻烦。
16 气哼哼	qìhēnghēng	（形）	形容生气发怒的样子。
17 排队	pái duì		一个挨一个按次序排列成行。
18 挨（训）	ái(xùn)	（动）	受到（训斥）。
19 消气	xiāo qì		平息怒气。
20 讨好	tǎohǎo	（动）	为了取得别人的欢心或称赞而迎合别人。
21 雇	gù	（动）	出钱让别人给自己做事。
22 小时工	xiǎoshígōng	（名）	按小时收钱的临时工，多做家庭服务工作。
23 磨人	mórén	（动）	折磨人。
24 快活	kuàihuo	（形）	高兴。
25 出血	chū xiě		比喻为他人拿出钱或拿出东西。
26 这么着	zhèmezhe	（代）	这样，指示动作或情况。
27 承包	chéngbāo	（动）	接受工程、订货或其他生产经营活动并负责完成。
28 合算	hésuàn	（形）	花的人力物力较少而收效较大。
29 赚	zhuàn	（动）	获得利润。
30 小金库	xiǎojīnkù	（名）	指在单位财务以外另立账目的公款。
31 管不着	guǎnbuzháo		不能过问某事；没有资格或权力指责或制止某事。

我说："行啊。好商量。你先开个价吧。"

先生很慎重地想了想说："每月500元。"

我惊叫："真够黑的啦！咱家哪有那么多的钱？"

他摇着头说："就这我还不乐意干呢！可惜别无分店。"

我说："那我自个儿干得了，还给咱家省了这笔钱。"

第二部分

绝望中突然杀出一匹小黑马，儿子见义勇为地说："妈，这事就交给我吧。甭500了，每月400块钱就行。"

我说："好好，凡事有了竞争就好。"

先生当仁不让地说："儿子你不要抢我的差事。现在我宣布降价，每月300元就干了。"

我朝儿子说："你呢？什么态度？"

到底是少年人干脆，他眼睛都不眨[②]地说："200。我每月200块钱就行了。"

我逡巡四周说："怎么样?还有更低的吗?"说着拿起擀面杖，预备一杖敲下去定音。

先生忙对儿子说："咱俩不能鹬蚌相争，让你妈渔翁得利。"

儿子不为所动，坚持说："君子一诺千金。"

我说："咱们就这么定了吧?"

先生忙不迭地改口说："我变了，变每月100了。100就行。"

儿子毫不退缩，说："那我50。每月50块钱，我把我妈的信都包发了。怎么样?"

我微笑地瞅着先生，说："看来任何事情都不能搞垄断封锁，所以要有

32 开价	kāi jià		说出价格；要价。
33 慎重	shènzhòng	（形）	谨慎认真。
34 黑	hēi	（形）	坏；狠毒。
35 乐意	lèyì	（动）	愿意。
36 可惜	kěxī	（副）	令人惋惜。（可惜——惋惜）

37	自个儿	zìgěr	（代）	自己。
38	绝望	juéwàng	（动）	希望断绝；毫无希望。（绝望——失望）
39	杀(出)	shā(chū)	（动）	冲（出），闯（出）。
40	匹	pǐ	（量）	用于马等。
41	黑马	hēimǎ	（名）	比喻在比赛或选举等活动中出人意料获胜的竞争者。a dark horse
42	见义勇为	jiàn yì yǒng wéi		看到正义的事情勇敢地去做。
43	甭	béng	（副）	不用，不要，表示不需要或劝阻。
44	凡事	fánshì		不论什么事情。
45	竞争	jìngzhēng	（动）	为了自己方面的利益而跟别人争胜。
46	当仁不让	dāng rén bú ràng		指遇到应该做的事，积极主动地去做，不退让。
47	差事	chāishi	（名）	被派去做的事情。
48	降价	jiàng jià		降低原来的定价。
49	干脆	gāncuì	（形）	直截了当；爽快。
50	眨	zhǎ	（动）	（眼睛）闭上又立刻睁开。
51	逡巡	qūnxún	（动）	犹豫不决，徘徊不前，比喻眼光向四周来回察看。
52	擀面杖	gǎnmiànzhàng	（名）	擀面用的木棍儿。 rolling pin
53	定音	dìng yīn		比喻对某件事情做出最后的评价或决断。
54	鹬蚌相争，渔翁得利	yù bàng xiāng zhēng, yúwēng dé lì		蚌张开壳晒太阳，鹬去啄它，被蚌壳夹住了嘴，两方面都不肯相让。渔翁来了，把两个都捉住了。比喻双方争持不下，让第三方得了好处。
55	君子	jūnzǐ	（名）	指人格高尚的人。
56	忙不迭	mángbùdié	（副）	急忙；连忙。
57	改口	gǎi kǒu		改变自己原来说话的内容或语气。
58	退缩	tuìsuō	（动）	向后退，向后缩。
59	包	bāo	（动）	把整个任务承担下来，负责完成。
60	瞅	chǒu	（动）	看。
61	垄断	lǒngduàn	（动）	把持或独占（多指商业方面）。
62	封锁	fēngsuǒ	（动）	用强制手段使跟外界断绝联系。

反不正当竞争法[3]。"

先生气壮山河地站起来，悲壮地说："我现在宣布，发信不要钱了。反正我以前也是无偿服务，今后就一如既往罢了。一个人做点好事并不难，一辈子都做好事也不难。"

儿子在一旁悻悻地说："妈，现在要想把您招的标从我爸手里抢回来，只有倒找给您钱了。"

我说："儿子，这事你就让给你爸了吧。以后我要是有时间，尽量争取自己上邮局。现在你们知道下一步最重要的事是什么吗？"

父子俩一齐说："是什么呀？"

我说："包饺子啊！吵了这么长的时间，面都醒过头了！"说着把擀面杖重重敲下。

（作者：毕淑敏，选自《毕淑敏作品集》，有改动）

63 正当	zhèngdàng	（形）	符合法律要求或情理的。
64 气壮山河	qì zhuàng shān hé		形容气概像高山大河那样雄伟豪迈。
65 悲壮	bēizhuàng	（形）	悲哀而雄壮；悲哀而壮烈。
66 无偿	wúcháng	（形）	没有报酬的；不要代价的。
67 一如既往	yì rú jì wǎng		完全和过去一样。
68 一辈子	yíbèizi	（名）	一生。
69 悻悻	xìngxìng	（形）	失意的样子。
70 醒	xǐng	（动）	指做某些面食时，和（huó）好面团后，放一会儿，使面团软硬均匀。
71 过头	guò tóu		超过限度；过分。

① 重赏之下必有勇夫 zhòng shǎng zhī xià bì yǒu yǒngfū：在优厚的奖赏之下，一定会有勇敢的人出现。

② 眼睛都不眨 yǎnjing dōu bù zhǎ：表示态度很果断，毫不犹豫。

③ 反不正当竞争法 fǎn bú zhèngdàng jìngzhēng fǎ：在市场经济中，有人采用一些不正当的行为参与竞争，比如，假冒他人的注册商标、使用知名产品的名称和包装、排挤其他经营者等。针对这种情况，1993年国家公布了《中华人民共和国反不正当竞争法》。

词语辨析

1 清晰——清楚

【牛刀小试：把“清晰”和“清楚”填入下面的句子中】

1. 导游的介绍非常（　　），使游客们对北京西山大觉寺的历史和演变有了进一步的了解。
2. 只有爷爷（　　）这件古董的来龙去脉，咱们去问问他老人家吧。
3. 他的字写得很不（　　），我们看不懂写的是什么。
4. 这幅画已经有二百年的历史了，但上面的字仍然（　　）可见。

【答疑解惑】

语义

都有“事物容易让人辨认、了解和头脑不糊涂、能分辨事理”的意思。“清晰”所表示的程度比“清楚”略强。

（1）我清楚（清晰）地记得上小学第一天的情景。

（2）他的发音很清楚（清晰）。

（3）考试的时候头脑要清楚（清晰）。

用法

词性：“清晰”只做形容词，“清楚”既可以做形容词，也可以做动词。

（4）文章的内容我已经完全清楚了。

（5）这件事情的前因后果你们清楚不清楚？

搭配：a.“清楚”可以重叠为“清清楚楚”，“清晰”不能重叠。

（6）你每天都把老师讲的内容搞得清清楚楚的，考试就肯定没问题了。

b.“清楚”可以做一些动词的补语，而“清晰”一般不这样用。

（7）你走以前应该把事情向他交代清楚。

（8）我们一定要把这个问题搞清楚。

语体

“清楚”书面语、口语都用，“清晰”多用于书面语。

2 争斗——斗争

【牛刀小试：把“争斗”和“斗争”填入下面的句子中】

1. 两个人为了一点小事在大庭广众之下（　　）起来，一点脸面都不顾。
2. 为了保护这些海洋动物，他们决心与那些偷猎者（　　）到底。
3. 李大夫与癌症（　　）了一辈子，最后还是被病魔夺去了生命。
4. 他从年轻时就树立了理想，要为人类的和平（　　）到底。

【答疑解惑】

语义

都有“矛盾的双方互相冲突，一方力求战胜另一方”的意思。

（1）因为房子的问题，两家人又斗争（争斗）起来了。

（2）双方斗争（争斗）了几十年，最后终于和解了。

不同的地方有以下几个方面：

a.“争斗”有打架的意思，“斗争”没有。

（3）一言不合，两个人就争斗起来。

（4）你们两个不要再争斗了，有问题坐下来好好儿商量嘛。

b.“斗争”的对象范围更广，可以是人、势力，也可以是自然、疾病、困难等。

（5）思想斗争了一夜，他终于决定离开父母去外地求学。

（6）人类一直在与自然灾害进行艰苦的斗争。

（7）大家都去医院看望她，鼓励她与疾病作斗争。

c.“斗争”还有“打击敌对的一方或不良现象”的意思；“争斗”没有。

（8）全社会都应该与侵犯知识产权的行为作斗争。

（9）电影里的警察们正在与贩毒分子进行斗争。

d.“斗争”还有“为实现目标努力奋斗”的意思，“争斗”没有。

（10）同学们都在为实现自己的美好理想而斗争。

（11）今后，我们要一如既往地为实现两岸的统一而斗争。

用法

斗争多用于褒义，多指好的一方对坏的一方，其对象多为不好的事物；争斗是中性的，所指双方是平等的，无褒贬倾向。

3 可惜——惋惜

【牛刀小试：把“可惜”和“惋惜”填入下面的句子中】

1. 她这么年轻就离开了这个世界，真（　　）啊！
2. 妈妈一定能帮我这个忙，（　　）她现在不在我身边，我只有自力更生了。
3. 令人（　　）的是，马上就要到手的胜利成果与他失之交臂。
4. 毕业十年后同学聚会，而他却因为出差不能参加，真是一件十分（　　）的事情。

【答疑解惑】

语义

这两个词都有“对不幸或不如意的事表示遗憾或同情”的意思，但“可惜”使用的范围比“惋惜”大。

（1）他们把吃不了的菜都倒了，真可惜。

（2）学校的球队在最后的时刻输了球，让人觉得非常可惜（惋惜）。

用法

词性：

a. 都是形容词。但在“为……”的句子中，惋惜可以说“为他惋惜”，而“可惜”应该说“为他感到可惜”。

（3）到了北京不去参观长城，真是一件十分可惜的事情。

（4）她年纪轻轻的，死得太可惜了。

（5）他错过了去名牌大学学习的机会，大家都为他惋惜。

b. “可惜”还有副词的用法，“惋惜”没有这种用法。

（6）今天我们全班同学一起照相，可惜我迟到了，没赶上。

（7）我非常想看张艺谋拍的新电影，可惜没买到票。

搭配：

都可以受程度副词的修饰，如例（2）。另外，“可惜”可以独立成句，“惋惜”没有这种用法。

（8）一个人才就这样被毒品毁掉了，可惜！

（9）可惜啊，白白浪费了一年的时间。

语体

“可惜”多用于口语，“惋惜”多用于书面语。

4 绝望——失望

【牛刀小试：把“绝望”和“失望”填入下面的句子中】

1. 朋友不在家，她只好（　　）地离去了。
2. 看着病重的妻子和一贫如洗的家，内心的（　　）之感越来越强烈。
3. 屋子里失火了，浓烟滚滚，他在（　　）中打开窗户跳了下去。
4. 你的学习成绩没有让爸爸妈妈（　　），这次我们一定要好好儿奖励你！

【答疑解惑】

语义

都有“丧失希望和信心”的意思，但“绝望”是强调希望断绝或毫无希望，语义比“失望”重。试比较：

（1）看到儿子不听劝告，一意孤行，母亲真的失望（绝望）了。

（2）已经找了一天了，所有想到的地方都去过了，都没有找到自己丢失的东西，小王感到非常失望（绝望）。

（3）今年没有考上大学，他很失望。

（4）什么药都试过了，但他的病还是没有好转，大家都绝望了。

（5）商量好的旅行计划泡汤了，真让人失望。

（6）这位老人对生活彻底绝望了，选择了自杀这条路。

用法

都是动词，都可以受程度副词的修饰。“失望”的适用范围更大。

（7）这个牌子的电脑老出问题，让我非常失望。

（8）想看的那部电影的票卖完了，小明很失望。

（9）看到孩子的病一天比一天严重，爸爸妈妈的心里十分绝望。

语言点

1 争斗不已

【解释】不已：不止；继续不停。

【举例】兴奋不已/激动不已/烦恼不已/吵闹不已/惊叹不已/赞叹不已/大笑不已/悲伤不已/唏嘘不已

【练习】用上面的例词改写或完成句子：

（1）小王在国外留学；听到母亲去世的消息，感到非常悲伤。

（2）他是个非常幽默的人，讲的笑话能让人笑上半天。

（3）结婚两年之后，他们俩的关系越来越紧张，________________。

（4）你去过敦煌吗？那里的壁画气势恢宏，形象优美，________________。

2 这么说你打算为这件事出点血了？

【解释】这么说：表示根据对方的意思来推想，然后说出自己的结论；或者用所作的推测询问对方，求得证实。

【举例】（1）A：我是个英国小说迷，刚买的英文原版的书，两天就看完了。

B：这么说你的英文水平相当高啊，真让人佩服！

（2）A：小丽这个女孩儿真不错，性格温柔文静，又聪明又漂亮，谁要是成了她的男朋友，那就幸福死了。

B：这么说，你一定是爱上她了吧？赶快采取行动吧！

【链接】这么说来：意思、用法与“这么说”基本相同。

【练习】用“这么说”或“这么说来”改写或完成对话：

（1）A：我是江苏人，我的老家在江苏苏州。

B：咱们俩还是同乡呢。

（2）A：我非常喜欢吃冷面、泡菜、酱汤之类的食物。

B：那你一定常去韩国风味的饭店吧？

（3）A：我给你推荐一种新出的食用油，它低脂肪，低热量，里面还有丰富的维生素和矿物质呢。

B：________________________________。

（4）A：我周末没事的时候，喜欢在北京的大街小巷溜达，逛一逛大大小小的商店，和各种各样的北京人聊聊天。

B：________________________________。

3 别无分店

【解释】别：副词，“另、另外”的意思。别无：没有别的、另外的。

【举例】别无选择/别无退路/别无所求/别无所长/别无爱好/别无办法/别无二致（没有区别）/别无要求/别无优点/别无特长

【链接】别有……：别有用心（另有不可告人的企图）/别有风味/别有情趣/别有特色/别有天地、别有洞天（另有一种境界）/别有一番滋味（另外有一种特别的感受）

【练习】用"别无……"或"别有……"改写或完成对话：

（1）A：我和妈妈吵架了，我说了伤害她的话，你认为我现在该怎么办才好？

B：我觉得你应该马上去向你妈妈道歉，除此之外没有更好的办法。（别无……）

（2）A：你昨天去的那家咖啡馆怎么样？

B：真的很不错，________________。（别有……）

（3）A：我特别想知道你现在最大的愿望是什么。

B：________________。（别无……）

（4）A：我觉得那个人这么做完全是无意的，你觉得呢？

B：________________。（别有……）

4 眼睛都不眨

【解释】形容毫不犹豫的样子。

【举例】（1）他非常喜欢逛书店，遇到喜欢的书，不管多贵，掏钱时眼睛都不眨。

（2）我问他能不能帮我的忙，他眼睛都不眨就同意了。

（3）看到有人落水了，他眼睛都不眨地马上跳下去救人。

【练习】用"眼睛都不眨"改写或完成句子：

（1）他们俩恋爱两年多了，感情越来越深，当他向她求婚时，她马上就同意了。

（2）她太溺爱自己的孩子了，只要孩子提出要求，________________。

（3）一看到那台自己心仪已久的电脑，________________。

（4）虽然孩子学钢琴的学费非常昂贵，________________。

5 儿子毫不退缩

【解释】毫不+形容词/动词：意思是"一点儿也不"。

【举例】毫不犹豫/毫不后悔/毫不奇怪/毫不在乎/毫不在意/毫不生气/毫不畏惧/毫不喜欢/毫不担心/毫不关心/毫不珍惜/毫不同情

【链接】毫无+名词，意思是"一点儿也没有"。例如：毫无意义/毫无反应/毫无道理/毫无准备/毫无办法/毫无特色/毫无感情/毫无变化/毫无消息/毫无表情/毫无声息/毫无经验。"毫不"和"毫无"的后面一般带双音节的词。

【练习】一、用"毫不"、"毫无"填空：

（1）当王风向她求婚时，她（　　）犹豫地答应了。

（2）老师对我们非常严格，扣分的时候（　　）留情。

（3）很多年轻人对京剧（　　）兴趣。

（4）这件事跟我（　　）关系，你别跟我说。

二、用“毫不”或“毫无”改写或完成句子：

（1）虽然失败了,但是他一点也不后悔，因为他获得了宝贵的经验。（毫不）

（2）你别相信那些小道消息，________________________。（毫无）

（3）他总是我行我素，对别人的看法，________________________。（毫不）

（4）他因酒后驾车被扣分罚款后，还与警察纠缠不休，__________。（毫无）

6 面都醒过头了

【解释】动/形＋过头：表示动作、行为或程度超过了限度和分寸。

【举例】睡过头/洗过头/夸过头/喝过头/玩过头/吃过头/煮过头/保护过头/照顾过头/管理过头/运动过头/休息过头/爱护过头

好过头/长过头/软过头/甜过头/热情过头/厉害过头/聪明过头/高兴过头/小心过头/紧张过头/劳累过头/悲伤过头/疲劳过头

【练习】用“动/形＋过头”的格式改写或完成句子和对话：

（1）现在的中国家长往往在生活上给孩子的保护太多了，不利于孩子的成长。

（2）多活动的确对身体有好处，但________________________。

（3）A：小王最近为什么上班老迟到呀？

B：________________________。

（4）A：听说小王昨天出了车祸，是怎么回事啊？

B：________________________。

综合练习

I 词语练习

一 用画线的字组词

1. 清晰：（　　）（　　）（　　）（　　）

2. 耐烦：（　　）（　　）（　　）（　　）

3. 消气：（　　）（　　）（　　）（　　）

4. 降价：（　　）（　　）（　　）（　　）

二 填入合适的名词

编辑（　　　）　携带（　　　）　巴结（　　　）

讨好（　　　）　承包（　　　）　垄断（　　　）

封锁（　　　）　开价（　　　）　赚（　　　）

三 填入合适的动词

清晰地（　　　）　快活地（　　　）　慎重地（　　　）

干脆地（　　　）　气哼哼地（　　　）　忙不迭地（　　　）

四 写出下列词语的近义词或反义词

（一）写出近义词

清晰——　慎重——　退缩——

巴结——　封锁——　过头——

（二）写出反义词

过头——　无偿——　降价——

快活——　慎重——　退缩——

五 填入正确的量词

一（　　　）马　挨了一（　　　）训

过一（　　　）子　一（　　　）擀面杖

六 选词填空

讨好　合算　慎重　正当　悻悻　悲壮　乐意　垄断

1. 结婚是人生中的大事，一定要（　　）考虑。
2. 商场正在大减价，现在买衣服比较（　　）。
3. 为了（　　）女朋友，他常常给她送精美的小礼物。
4. 优美的乐曲响起，他走过去请她跳舞，但遭到了拒绝，只得（　　）地离开了。
5. 行业（　　）不利于市场竞争，最终会影响经济发展。
6. 她的丈夫在车祸中死了，她提出让肇事者进行赔偿，这是（　　）的要求。
7. 在电影的最后，英雄献出了自己的生命，场面（　　），催人泪下。
8. 这家新公司经营的是朝阳产业，所以有很多银行（　　）给他们投资。

清晰　清楚　争斗　斗争　可惜　惋惜　绝望　失望

1. 他每次的作业都写得认认真真、（　　）的，怪不得老师常常表扬他。
2. 经过激烈的思想（　　），他终于决定到警察局去投案自首。
3. 真（　　）呀，这么漂亮的新衣服被弄脏了。
4. 她一晚上都在盼望着男朋友的电话，但却没有等到，心里非常（　　）。
5. 雨过天晴，空气凉爽，远处山脉的轮廓（　　）可见。
6. 双方在激烈的（　　）中都伤得不轻，被120送往附近的医院抢救。
7. 他们俩一直被公认为是郎才女貌的一对，但最近传出了他们离婚的消息，大家都深为（　　）。
8. 眼看着离飞机起飞的时间只有十分钟了，而小王还被堵在离机场20公里的路上，她心里是彻底（　　）了。

七 解释句子中画线的词语的意思

1. 这么说你打算为这件事出点血了？
   A. 不惜受伤　B. 付出精力　C. 花一些钱
2. 到底是年轻人干脆……
   A. 毕竟　B. 终于　C. 究竟
3. 先生忙不迭地改口说……
   A. 连忙　B. 繁忙　C. 不忙
4. 行啊。好商量。你先开个价吧。
   A. 好好儿商量　B. 商量一个好主意　C. 容易商量
5. 排了半天的队，还挨了一顿训。这真不是人干的活儿。
   A. 活儿干得太差　B. 人干不好这活儿　C. 这活儿不适合人干
6. “重赏之下必有勇夫”这句话的意思是：
   A. 有重金奖赏，就会有勇于出来做事的人
   B. 在重要的情况下，就会有勇敢的人站出来
   C. 重视奖励，就会有勇敢的人为他做事
7. 他眼睛都不眨地说……
   A. 非常迅速　B. 毫不犹豫　C. 无所畏惧
8. 绝望中突然杀出一匹小黑马，……
   A. 比喻突然出现的竞争者　B. 比喻实力难测的竞争者　C. 比喻非常聪明的竞争者

9. 今后就一如既往罢了。
   A. 完全和以前一样　　B. 一切都重新开始　　C. 一样都不改变

八 用所给的词语填空，并模仿造句

狼烟四起　相安无事　天长日久　见义勇为　当仁不让　气壮山河　一如既往

1. 汉代末年，社会动荡，（　　），老百姓在接连不断的战争中过着痛苦的生活。
2. 虽然我们俩分手了，但还可以做朋友，以后我还会（　　）地帮助你。
3. 在竞选经理的会议上，他（　　），毛遂自荐，赢得了大家的普遍支持。
4. 对于那些在关键时刻（　　）的市民，市政府每年都会给予大力的表彰和奖励。
5. 这两个国家虽然以前有过战争，但为了发展各国的经济，却也能（　　），和平共处。
6. 夫妻两人一起生活，刚开始的时候甜甜蜜蜜的，但（　　）就有可能出现各种各样的矛盾，需要两人互相宽容，互相理解。
7. 英雄们的行为（　　），令人感动！

Ⅱ 课文理解练习

一 根据课文内容判断正误

读第一部分课文，做下面的题：

1. “我”家的三口人好得就像一个人一样，从来没有任何矛盾。（　　）
2. “我”的丈夫很愿意为“我”去邮局寄东西，毫无怨言。（　　）
3. 丈夫之所以“气哼哼地回来了”，是因为在邮局既排了队，又挨了训。（　　）
4. “我”的丈夫认为雇一个小时工是一个解决问题的好办法。（　　）
5. “我”说“重赏之下必有勇夫”的意思是准备为上邮局这件事花钱雇人。（　　）
6. 丈夫准备把为妻子上邮局赚的钱存进银行里去。（　　）
7. 丈夫说“可惜别无分店”，意思是家里没有别人能干这件事情。（　　）

读第二部分课文，做下面的题：

8. 儿子突然出来“见义勇为”，是“我”所没有想到的。（　　）
9. 由于儿子的加入，这场竞争变得越来越激烈了。（　　）
10. “鹬蚌相争，渔翁得利”，在课文中“鹬蚌”指的是丈夫和儿子，“渔翁”指的是“我”。（　　）
11. “我”说的“搞垄断封锁”的人指的是儿子。（　　）

12. 儿子在这场竞争中失败了，但是他心里很高兴。(　　)

二 根据课文内容用指定的词语回答问题或进行讨论

1. 课文中人物的家庭关系怎么样？
（仿佛　相处　基本上　但也时时……　不已）
2. 平时先生常常为“我”做什么事情？最近他的态度为什么有了变化？
（活儿　比如　稿件　代劳　倒也　天长日久　气哼哼　挨训）
3. “我”是如何陷入绝望之中的？
（少来　磨人　那也不一定　快活起来　承包　小金库　开价　黑）
4. 儿子是怎么加入这场“竞争”的？他起了什么样的作用？
（黑马　见义勇为　降价　眼睛都不眨　说着　定音　不为……　改口）
5. 故事最后的结果怎么样？
（宣布　反正　无偿　一如既往　悻悻　倒找　以后　尽量）
6. 丈夫最后表示“发信不要钱了”，主要原因是什么？他这么做，说明了什么？

三 思考与表述

1. 仔细体会这篇文章中所表现出来的幽默感，并举例加以说明。
2. 你从这个故事中看到了什么？
3. 说一件在你的家庭里或朋友之间发生的趣事。

找啊找

①世界上恐怕再也没有比我母亲花费在找东西上的时间更多的人了。她每天都在找，就是不能物归原位。出门前等候她找钥匙和钱包，已是我的必修课。每每我总是想起一则小故事，说是一位先生在携太太出门前总要等候她进行很长时间的化妆，后来他索性把这个时间用来读书，终于成为一个大学问家。每想到此，我便有些后悔，若是我把等候母亲找钥匙和钱包的时间也用来读书的话，说不定也“学富五车”了。

②偏偏我是一个急性子，多少次建议她物归原位终不见成效之后，我

便失去了耐心。于是，我便在正式起身出门前的十分钟或二十分钟，就造声势说该走了，待她找完出门前的几样，我才起身整理自己——这样就可以从从容容任她去找了。

③ 平时，母亲找的东西真是太多了。

④ 护肤霜在碗橱里出现，一点不新鲜。我不用盘问就能做出这样的推理：母亲在卫生间洗完脸擦着护肤霜，这时厨房的烧水壶叫了起来，水开了，母亲奔过去关火，然后打开碗柜取水杯沏茶，这样，护肤霜就顺手留在碗柜里了。顺理成章。

⑤ 有一次周末，母亲找眼镜（这是她每天都要找的东西之一），因为她没有眼镜几乎什么也看不清，于是便发动我和哥哥帮她找。我们找遍全家所有的角落，枕边、床下、被子里、沙发靠垫后边乃至所有的抽屉，当然没有忽略厨房的碗柜和卫生间的洗脸池，但眼镜终不见踪影。我和哥哥一边叫着"共产党藏的东西谁也找不到"，一边灰下心来。哥哥心里着急，口干舌燥，就打开冰箱拿冰镇水喝，结果他一打开冰箱门就叫起来：眼镜在冰箱里呢。原来，母亲一个小时前从冰箱里取出一包冷冻海鲜，准备晚饭吃，她摘下眼镜阅读口袋上面的说明书，顺手就把眼镜放在冰箱里，阅读完了，一关冰箱门，潇洒地走开，眼镜就这样被冷藏起来。

⑥ 家里的眼药水、指甲刀、计算器、辞典、电视遥控器等等也是常找之物。好在母亲知道我就怕帮她找东西，便很少要我帮忙。经常是她一个人默默地找着什么，一点也不急的样子。我看见她的身影在房间里穿梭（suō），找着什么，也习以为常，不再问她找什么，继续自己的事情。母亲也不询问我，只是不慌不忙地径自找着，或者读一会儿书，找一会儿，慢慢喝一杯水，再找一会儿，心里踏踏实实，无一丝焦虑烦躁。母亲常说，一辈子的磨难早已练就了她的耐心。她甚至还说，有东西要找的日子是多么充实啊！

⑦ 母亲在我身边磨磨蹭（cèng）蹭地找东西的历史已记不清有多少年。现在，这已经成为我的一种最为熟悉和亲切的生活背景，这个背景得以使这个家像个家。如果有一天，家里像军营一般井井有条，要用什么就直接到位地即刻取来，没有了母亲不慌不忙地找这找那的背景，我会不习惯的，我的心里会如同长了荒草一般浮躁不安。

（作者：陈染，选自《我们能否与生活和解》）

阅读练习

一 根据文章内容选择正确答案

读第①—④段，做下面的题：

1. 母亲花费在找东西上的时间很多，主要原因是：
   A. 母亲没有物归原位的习惯
   B. 母亲的房子小东西多
   C. 母亲工作忙家务重
2. “我”后悔自己的是：
   A. 没有用母亲找东西的时间来做一些事情
   B. 没有用母亲找东西的时间来读一些书
   C. 没有帮助母亲一起找东西
3. “我”对付母亲找东西的办法是：
   A. 出门前帮母亲一起找
   B. 平时帮母亲把东西放好
   C. 出门前提前造声势
4. 有一次，母亲把护肤霜放在了：
   A. 碗橱里　　B. 冰箱里　　C. 被子里

读第⑤—⑦段，做下面的题：

5. 母亲之所以会把眼镜放在冰箱里是因为：
   A. 要从冰箱里拿东西
   B. 要阅读冷冻海鲜上的说明
   C. 要把东西放回冰箱里
6. “我”和哥哥“灰下心来”的意思是：
   A. 失去了继续下去的意志和信心
   B. 失去了继续下去的愿望和想法
   C. 失去了继续下去的兴趣和愿望
7. 母亲找东西的时候：
   A. 常常让“我”帮忙　　B. 常常让哥哥帮忙　　C. 自己一个人慢慢找
8. 母亲找东西时候的心态是：
   A. 心里踏踏实实　　B. 心里焦虑烦躁　　C. 心里着急无奈

9. 对于母亲磨磨蹭蹭找东西的习惯，“我”现在的感觉是：

A. 浮躁不安　　B. 熟悉亲切　　C. 无可奈何

二 谈一谈

1. 文章中的母亲有什么特点？
2. 文章中的“我”如何对付母亲的这个特点？
3. 你身边有像文章中的母亲那样常常丢三落四的人吗？你想帮助他们改变这个习惯吗？
4. 你平时是怎样管理自己重要的东西的？有什么好经验吗？

天才梦

课前思考

1. 你认为这个世界上有天才吗？什么样的人可以被称为天才？
2. 造就天才的主要因素有哪些？
3. 如果可以选择，你希望自己是一个天才还是一个普通人？
4. 这篇课文的作者张爱玲是中国现代文学史上的著名作家。本文是作者的自述。你看完以后，认为她够得上一个天才吗？

课文

第一部分

我是一个古怪的女孩，从小**被视为**天才，除了发展我的天才外别无生存的目标。然而，当童年的狂想逐渐褪色的时候，我发现我除了天才梦之外一无所有——所有的只是天才的乖僻缺点。世人原谅瓦格涅[①]的疏狂，可是他们不会原谅我。

加上一点美国**式**的宣传，也许我会被誉为神童。我三岁时能背诵唐诗[②]。我还记得摇摇摆摆地立在一个满清遗老[③]的藤椅前朗吟"商女不知亡国恨，隔江犹唱后庭花"[④]，眼看着他的泪珠滚下来。七岁时我写了第一部小说，一个家庭悲剧。遇到笔画复杂的字，我常常跑去问厨子怎样写。第二部小说是关于一个失恋自杀的女郎。我母亲批评说：如果她要自杀，她决不会从上海乘火车到西湖[⑤]去自溺。可是我因为西湖诗意的背景，终于固执地保存了这一点。

我仅有的课外读物是《西游记》与少量的童话，但我的思想并不为它们所束缚。八岁那年，我尝试过一篇类似乌托邦[⑥]的小说，题名《快乐村》。快乐村人是一个好战的高原民族，因克服苗人[⑦]有功，蒙中国皇帝特许，**免**征赋税，并**予**自治权。所以快乐村是一个与外界隔绝的大家庭，自耕自织，保存着部落时代[⑧]的活泼文化。

1 古怪	gǔguài	（形）	跟一般情况很不相同，使人觉得奇怪。（古怪——奇怪）
2 视为	shìwéi	（动）	看成。
3 童年	tóngnián	（名）	儿童时期。
4 狂想	kuángxiǎng	（动）	幻想。
5 褪色	tuì sè		颜色慢慢变淡。
6 一无所有	yì wú suǒ yǒu		什么都没有，多形容非常贫穷。
7 乖僻	guāipì	（形）	古怪孤僻。
8 世人	shìrén	（名）	世界上的人，一般的人。

9 疏狂	shūkuáng	（形）	性格狂放，不受约束。
10 式	shì	（名）	样式。
11 誉为	yùwéi	（动）	称赞为。
12 神童	shéntóng	（名）	指特别聪明，有超常才能的儿童。child prodigy
13 藤	téng	（名）	某些植物的茎，可以做成箱子、椅子等。cane; rattan
14 朗吟	lǎngyín	（动）	声音响亮地、有节奏地读或背诵。
15 泪珠	lèizhū	（名）	一滴一滴的眼泪。 teardrop
16 悲剧	bēijù	（名）	比喻不幸的遭遇。tragedy
17 厨子	chúzi	（名）	厨师。cook; chef
18 失恋	shī liàn		恋爱的一方失去另一方的爱情。
19 自杀	zìshā	（动）	自己结束自己的生命。
20 女郎	nǚláng	（名）	年轻的女性。
21 自溺	zìnì	（动）	自己使自己淹死。
22 诗意	shīyì	（名）	像诗里表达的那样能给人以美感的意境。
23 少量	shǎoliàng	（形）	数量很少。
24 童话	tónghuà	（名）	适合儿童阅读的富有想象的故事。children's stories; fairy tales
25 束缚	shùfù	（动）	使受到约束限制。（束缚——约束）
26 尝试	chángshì	（动）	试一试；试验。
27 好战	hàozhàn	（形）	喜欢挑起或介入战争。
28 蒙	méng	（动）	受。
29 特许	tèxǔ	（动）	特别许可。
30 免	miǎn	（动）	去掉；除掉。
31 赋税	fùshuì	（名）	各种税收的总称。taxes; levy
32 予	yǔ	（动）	给。
33 自治权	zìzhìquán	（名）	有自己决定自己事务的权力。autonomy
34 隔绝	géjué	（动）	阻隔，使断绝。
35 自耕自织	zì gēng zì zhī		自己耕种自己纺织。指一种不与外界发生联系的经济状态。

我特地将半打练习簿缝在一起，预期一本洋洋大作，然而不久我就对这伟大的题材失去了兴趣。现在我仍旧保存着我所绘的插画多帧，介绍这种理想社会的服务，建筑，室内装修，包括图书馆，“演武厅”，巧克力店，屋顶花园。公共餐室是荷花池里的一座凉亭。我不记得那里有没有电影院与社会主义[9]——虽然缺少这两样文明产物，他们似乎也过得很好。

九岁时，我踌躇着不知道应当选择音乐或美术做我终身的事业。看了一部描写穷困的画家的影片后，我哭了一场，决定做一个钢琴家，在富丽堂皇的音乐厅里演奏。

第二部分

对于色彩，音符，字眼，我极为敏感。当我弹奏钢琴时，我想象那八个音符有不同的个性，穿戴了鲜艳的衣帽携手舞蹈。我学写文章，爱用色彩浓厚，音韵铿锵的字眼，如“珠灰”，“黄昏”，“婉妙”，“splendour”[10]，“melancholy”[11]，因此常犯堆砌的毛病。直到现在，我仍然爱看《聊斋志异》[12]与俗气的巴黎[13]时装报告，便是为了这种有吸引力的字眼。

在学校里我得到自由发展。我的自信心日益坚强，直到我十六岁时，我母亲从法国回来，将她离别多年的女儿研究了一下。

“我懊悔从前小心看护你的伤寒症[14]，”她告诉我，“我宁愿看你死，不愿看你活着使你自己处处受痛苦。”

我发现我不会削苹果。经过艰苦的努力我才学会补袜子。我怕上理发

36 特地	tèdì	（副）	表示专为某件事。
37 打	dá	（量）	十二个为一打。
38 簿	bù	（名）	本子。book
39 预期	yùqī	（动）	预先期待。
40 洋洋	yángyáng	（形）	形容众多或丰盛。
41 大作	dàzuò	（名）	敬辞，称对方的著作。课文中指作品的规模很大。
42 绘	huì	（动）	画。

43 插画	chāhuà	（名）	插在文字中间帮助说明内容的图画。
44 帧	zhēn	（量）	幅（用于字画等）。
45 装修	zhuāngxiū	（动）	对房屋进行修饰，安装各种设备。
46 餐室	cānshì	（名）	专供吃饭的房间。
47 荷花	héhuā	（名）	lotus
48 踌躇	chóuchú	（形）	拿不定主意。也形容得意的样子。（踌躇——犹豫）
49 穷困	qióngkùn	（形）	生活贫穷，经济困难。
50 钢琴	gāngqín	（名）	piano
51 富丽堂皇	fùlì tánghuáng		华丽而又宏大。
52 演奏	yǎnzòu	（动）	用乐器表演。
53 音符	yīnfú	（名）	乐谱中表现音长或音高的符号。note
54 字眼	zìyǎn	（名）	用在句子中的字或词。
55 敏感	mǐngǎn	（形）	生理上或心理上对外界事物反应很快。
56 弹奏	tánzòu	（动）	用手指演奏。
57 穿戴	chuāndài	（动）	穿和戴，泛指打扮。
58 携手	xiéshǒu	（动）	手拉着手。
59 浓厚	nónghòu	（形）	（色彩、意识、气氛）重。
60 音韵	yīnyùn	（名）	诗文的音节韵律。
61 铿锵	kēngqiāng	（形）	形容声音有节奏而响亮。
62 珠灰	zhūhuī	（形）	形容一种有珍珠光泽的灰色。
63 婉妙	wǎnmiào	（形）	温和曲折而又优美。
64 堆砌	duīqì	（动）	比喻写文章时使用大量华丽而无用的词语。
65 俗气	súqi	（形）	粗俗；庸俗。
66 时装	shízhuāng	（名）	式样最新的服装。
67 自信	zìxìn	（动）	相信自己。
68 懊悔	àohuǐ	（动）	做错了事或说错了话，心里自恨不该这样。（懊悔——懊恼）
69 看护	kānhù	（动）	护理。
70 宁愿	nìngyuàn	（副）	表示比较几方面的利害得失后选取一面。

店，怕见客，怕给裁缝试衣裳。许多人尝试过教我织毛线，可是没有一个成功。在一间房里住了两年，问我电铃在哪儿我还茫然。我天天乘黄包车[15]上医院打针，接连三个月，仍然不认识那条路。总而言之，在现实的社会里，我等于一个废物。

我母亲给我两年的时间学习适应环境。她教我煮饭，用肥皂粉洗衣；练习行路的姿势；看人的眼色，点灯后记得拉上窗帘；照镜子研究面部神态；如果没有幽默天才，千万别说笑话。

在待人接物的常识方面，我显露惊人的愚笨。我的两年计划是一个失败的试验。除了使我的思想失去均衡外，我母亲的沉痛警告没有给我任何影响。

生活的艺术，有一部分我不是不能领略。我懂得怎么看"七月巧云"[16]，听苏格兰[17]兵吹 bagpipe[18]，享受微风中的藤椅，吃盐水花生，欣赏雨夜的霓虹灯，从双层公共汽车上伸出手摘树巅的绿叶。在没有人与人交接的场合，我充满了生命的欢悦。可是我一天不能克服这种咬啮性的小烦恼，生命是一袭华美的袍，爬满了蚤子[19]。

（作者：张爱玲，选自《张爱玲文集》（第四卷），有改动）

71 裁缝	cáifeng	（名）	专门以做衣服为职业的人。tailor; dressmaker
72 衣裳	yīshang	（名）	衣服。
73 毛线	máoxiàn	（名）	用动物的毛或人造毛纺成的线。knitting wool
74 茫然	mángrán	（形）	完全不知道的样子。
75 废物	fèiwu	（名）	没用的东西，比喻没有用的人。
76 肥皂粉	féizàofěn	（名）	洗衣粉。washing powder
77 眼色	yǎnsè	（名）	向人示意的目光。
78 面部	miànbù	（名）	脸。
79 神态	shéntài	（名）	神情态度。
80 待人接物	dài rén jiē wù		跟人相处。
81 显露	xiǎnlù	（动）	现出。
82 愚笨	yúbèn	（形）	头脑迟钝，不灵活。
83 均衡	jūnhéng	（形）	平衡。

84 沉痛	chéntòng	（形）	深刻而令人痛心的。
85 领略	lǐnglüè	（动）	了解；欣赏。
86 霓虹灯	níhóngdēng	（名）	灯的一种，通电时发出各种颜色的光。多用作广告灯或信号灯。neon light
87 巅	diān	（名）	山顶。
88 交接	jiāojiē	（动）	结交，打交道。
89 欢悦	huānyuè	（形）	欢乐喜悦。
90 咬啮	yǎoniè	（动）	用牙咬。
91 袭	xí	（量）	用于成套的衣服。
92 华美	huáměi	（形）	美丽而有光彩。
93 袍	páo	（名）	从上身一直到脚面的一种长衣服。robe; gown

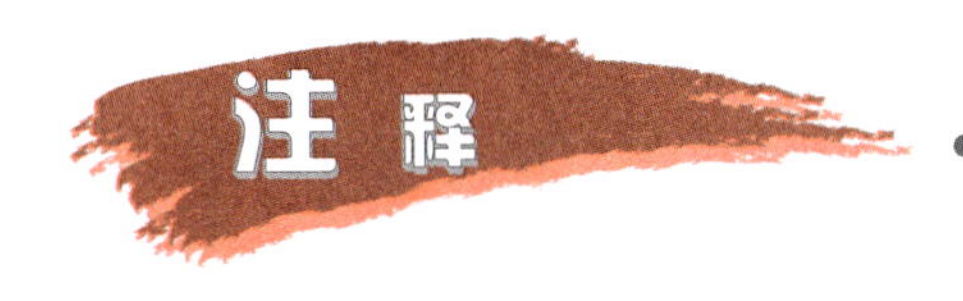

注释

① **瓦格涅 Wǎgéniè：** 即 Richard Wagner（1813—1883），是德国著名的作曲家、文学家。现在通译为瓦格纳。

② **唐诗 Tángshī：** 即唐代（618—907）的诗歌，在中国文学史上占有非常重要的地位。

③ **满清遗老 Mǎnqīng yílǎo：** 满清，清代（1616—1911）是满族人统治的朝代，这里“满清”就是指清代；遗老：指朝代改换后仍然效忠前一朝代的老年人。

④ **商女不知亡国恨，隔江犹唱后庭花 shāng nǚ bù zhī wáng guó hèn, gé jiāng yóu chàng Hòutínghuā：** 唐代著名诗人杜牧的诗句，表达了国家灭亡后的悲痛之情。

⑤ **西湖 Xī Hú：** the West Lake，位于浙江省的杭州市，是风景名胜区。

⑥ **乌托邦 Wūtuōbāng：** 即 Utopia，是英国人莫尔 1516 年写的一本书中一个虚构的社会组织的名称，作者在书中构思了一个公有制的理想化的社会。后来这个词成为“空想”的同义语。

⑦ **苗人 Miáorén：** the Miao nationality，苗族人。苗族是中国的一个少数民族。

⑧ **部落时代 bùluò shídài：** 部落（tribe）是原始社会（primitive society）的一种社会组织，由两个以上血缘相近的氏族构成。这里的部落时代即指原始社会时期。

⑨ 社会主义 shèhuì zhǔyì：即socialism，是一种社会政治制度。
⑩ splendour：壮丽、光辉。
⑪ melancholy：忧郁、悲哀。
⑫《聊斋志异》Liáozhāi Zhì Yì：中国古代著名的文言短篇小说集，作者是清代的蒲松龄。这本书以鬼怪故事著称。
⑬ 巴黎 Bālí：Paris，法国的首都。
⑭ 伤寒症 shānghánzhèng：有两个意思，一是指由伤寒杆菌引起的急性肠道传染病（typhoid fever）；二是中医学病名，指外感发热一类的病。
⑮ 黄包车 huángbāochē：rickshaw，一种单人拉的人力车。
⑯ “七月巧云” qīyuè qiǎoyún：农历的七月初七叫做七夕，是牛郎织女（the Herd-boy and the Weaving-girl）在天河相会的日子，妇女们会在这一天的夜间向织女星（the Weaving-girl star-Vega）乞求聪明和灵巧。
⑰ 苏格兰 Sūgélán：Scotland，是英国（Britain）的一部分。
⑱ bagpipe：风笛。
⑲ 蚤子 zǎozi：方言，跳蚤（flea）。

词语辨析

1 古怪——奇怪

【牛刀小试：把“古怪”和“奇怪”填入下面的句子中】

1. 我家隔壁住着一个性格（　　）的老头，他从来不与任何邻居来往。
2. 叔叔家里尽是些从世界各地带回来的稀奇（　　）的玩意儿。
3. 这个表是昨天刚换的电池，怎么今天就不走了？真（　　）！
4. 老房子里面藏着一条蛇，这有什么（　　）的，在我们老家很常见。
5. 这座建筑物的墙是欧洲风格的，屋顶是中国风格的，看上去古里（　　）。

【答疑解惑】

语义

a. 都有“与平常不一样”的意思，但词义的侧重点不同。“古怪”侧重于生疏罕见，让人觉得诧异，语义比较重，适用范围比较小；“奇怪”侧重于与经验不合，难以理解，语义比较轻，适用范围比较大。

（1）他是个古怪（奇怪）的老头，从来不和任何人打交道。

（2）妹妹有个古怪（奇怪）的习惯，就是读英语之前必须吃一个冰激凌。

（3）真奇怪，这么细的蛇竟然能吞下这么大一只鸡。

（4）女孩子长大了，自然会有男孩子追求，这没什么奇怪的。

b.“古怪”着重在事物本身的性质，而“奇怪”则强调人们对某事物的心理感受。

（5）他这么做，我们都很奇怪。

（6）正在大家疑惑不解的时候，一件古怪的事情又发生了。

c.“古怪”多用于贬义，“奇怪”是中性词。（参见上面的例子）

用法

词性：都是形容词。

搭配：“古怪”常和“稀奇”在一起，搭配成“稀奇古怪”；也可以说成“古里古怪”，而“奇怪”没有这种搭配。

2 束缚——约束

【牛刀小试：把“束缚”和“约束”填入下面的句子中】

1. 这个孩子太散漫了，必须制定一些规矩（　　）他，要不就毁了。
2. 每个社会都必须依靠法律来（　　）人的行为，否则将是不可想象的。
3. 在很多时候，我们是被自己的一些固定的想法（　　）住了手脚。
4. 小偷刚要下手，突然觉得自己的两只手被牢牢地（　　）住了。
5. 不要让旧的思想观念把自己的头脑（　　）住，要敢于大胆地创新。

【答疑解惑】

语义

a. 都有“限制、控制”的意思，但“束缚”指限制在狭窄的范围内，语义较重；“约束”指限制在一定的范围内，语义较轻。

（1）这种传统的教育方式束缚（约束）了孩子的创造力。

（2）在漫长的封建社会中，人们的思想和行为都受到封建礼教的严重束缚（约束）。

b.“束缚”还有“捆绑”的意思，“约束”没有。

（3）警察冲进屋子里，发现受害人的手脚都被束缚住了，全身都动弹不得。

c. 词语的褒贬色彩不同。“束缚”是贬义词，“约束”是中性词。

（4）这种教育方式严重束缚了学生的思想。

（5）你已经长大了，要学会约束自己，不能事事处处都随心所欲。

（6）一般的公司都会制定一些制度来约束员工的行为。

用法

词性：都是动词。（参见上面的例子）

搭配："束缚"多与错误或落后的思想、观念、制度等搭配；"约束"多与规定、法令、条例、要求等搭配。

"约束"可以重叠为ABAB式，"束缚"不能。

（7）你最近过得太懒散了，得赶快约束约束自己，给自己加一点压力，这样对你今后的生活会大有好处的。

3 踌躇——犹豫

【牛刀小试：把"踌躇"和"犹豫"填入下面的句子中】

1. 他成了网络精英，才二十多岁就已经家产万贯了，走到哪儿都是一副（　　）满志的样子。
2. 这段话是保留还是删除？他（　　）着拿不定主意。
3. 这么好的机会你还（　　）什么？赶快决定吧！
4. 是去公司工作还是自己创业？他还在（　　）。

【答疑解惑】

语义

都有"拿不定主意"的意思。

（1）在是否投资买下这座别墅的问题上，老张一直踌躇（犹豫）不决。

（2）看着他那踌躇（犹豫）的样子，我劝他早点儿下决心。

"踌躇"还可以形容得意的样子，"犹豫"没有这个意思。

（3）他大学一毕业就找到了理想的工作，又有了漂亮的女朋友，所以一副踌躇满志的样子。

用法

词性：都有形容词和动词的用法。

（4）从他那踌躇（犹豫）的表情可以看得出来，他还没有想好。

（5）小王踌躇（犹豫）了半天，最后终于决定报考经济贸易大学。

搭配："犹豫"可以重叠成AABB式，"踌躇"不能。

（6）大家让他快说，而他却犹犹豫豫的，好像有什么难言之隐。

语体

“踌躇”多用于书面语，“犹豫”则书面语、口语都常用。

4 懊悔——懊恼

【牛刀小试：把“懊悔”和“懊恼”填入下面的句子中】

1. 我真（　　）当初没有抓紧时间学习，错过了大好的青春时光。
2. 今天什么事情都没有办成，还丢了自行车，他觉得满心（　　）。
3. 老王因为不注意饮食而得了糖尿病，现在心里（　　）万分。
4. 她十分（　　）地说：“我真不该在父母活着的时候不好好儿孝敬他们！”

【答疑解惑】

语义

这两个词的主要区别在语义上。“懊悔”的词义着重在后悔，而“懊恼”的词义着重在烦恼，不开心，不高兴。

（1）她一时冲动，说了一些冒犯朋友的话，事后想想，心里十分懊悔。

（2）看到儿子的学习成绩越来越差，李先生心里别提多懊恼了。

用法

“懊悔”是动词，而“懊恼”是形容词。但都可以受程度副词修饰，都不能重叠。

（3）这是个好机会，你一定要把握住，否则以后一定会懊悔的。

（4）小李坐出租车时，把自己的包落在了车上，现在越想越觉得懊恼。

语言点

1 我是一个古怪的女孩，从小被视为天才，……

【解释】被视为：被看成，被看做。使用时必须带宾语。“被”和“视为”可以分开。

【举例】（1）在中国的小学，语文和数学被视为最重要的课程。

（2）学习被这个坐不住的孩子视为畏途，他宁可被妈妈惩罚，也不愿意完成作业。

（3）孔子是中国古代伟大的思想家、教育家，他被中国人视为圣人。

【链接】把……视为……：中国人一直把婚姻视为人生中最重要的事情。

【练习】用“被视为”或“把……视为……”改写或完成句子和对话：

（1）在现代社会中，电脑已经是人们生活中不可缺少的东西了。

（2）我是个书呆子，________________________________。

（3）A：你能告诉我你最好的朋友是谁吗？

B：________________________________。

（4）A：你能给我们介绍一下你们国家最大的特色是什么吗？

B：________________________________。

2 加上一点美国式的宣传，也许我会被誉为神童。

【解释】式：样式。常与名词、形容词搭配，中间不加“的”。如：古典式、现代式、传统式、新式、旧式、老式、中式、西式、欧式、日本式等。

【举例】（1）这个节目的主持人很喜欢穿传统的中式服装，形成了自己的独特风格，很受观众的欢迎。

（2）他留学回国后，连消费观念和方式都变成西式的了。

（3）这是最新式的发型，现在非常流行，你想试试吗？

【练习】用“式”改写或完成句子和对话：

（1）旗袍是典型的中国服装，很多外国女性来中国后都会买一件带回去。

（2）A：这套家具真不错，你能给我具体介绍一下吗？

B：________________________________。

（3）A：今天我请你吃饭。你喜欢什么风味？

B：________________________________。

（4）A：上海外滩的建筑有什么特点？北京故宫的建筑有什么特点？

B：________________________________。

3 蒙中国皇帝特许，免征赋税，并予自治权。

【解释】免：动词，后常跟单音节名词或动词。如：免税、免礼、免罪、免费、免票、免职、免冠（guān，帽子）、免征、免试、免考、免进、免检、免修等。

【举例】（1）中国改革了婚姻登记制度，以前许多繁杂的手续现在都被免了。

（2）每逢“五一”、“十一”这样的重大节日，北京各大公园都可以免票进入。

（3）护照上的相片必须免冠，每个国家都是这样规定的。

【链接】以免/免得：都是连词，用于下半句话的开头，表示目的是不至于产生下文所说的结果。

【举例】(4) 应该把汽车停放在规定的地方，以免（免得）影响交通。

(5) 在正式场合发言的时候最好有个提纲，以免（免得）说乱了。

【练习】用“免”、“以免”、“免得”改写或完成句子：

(1) 如果在这里买东西，可以喝不花钱的饮料。(免)

(2) 鉴于他的学习成绩非常优秀，在体育方面也有特长，学校__________。(免)

(3) 各种工地或工厂都应该采取严密的安全措施，__________。(以免)

(4) “防患于未然”这句话的意思是：__________。(免得)

4 蒙中国皇帝特许，免征赋税，并予自治权。

【解释】予：动词，意思是“给”。常用于书面语。常用格式为“单音节动词+予+双音节名词或动词”，如：授予奖状/赋予称号/赐予幸福/请予批准/给予支持/给予奖励/寄予希望/准予入境/免予处分等。

【举例】(1) 由于他出色的工作表现，公司授予他“优秀员工”的称号。

(2) 全家人都对小明寄予了很大的期望，希望他今后成为一名优秀的律师。

(3) 在我的人生道路上，父母亲给予我的支持和帮助是最大的。

【链接】予以：给以，带动词或形容词宾语；用于书面语。

【举例】(4) 对身体有残疾的人士，我们应该予以照顾。

(5) 他们购买的数量很大，应该予以优惠。

【练习】用上面所给的“予”的例子或“予以”改写或完成句子和对话：

(1) 对于学习特别优秀的学生，学校都会给他们奖励，鼓励他们继续努力学习。(给予)

(2) 现在，书籍和光盘的盗版现象还是时有发生，__________。(予以)

(3) 我申请延长一个学期的学习时间，__________。(请予)

(4) A：你和爸爸妈妈的关系怎么样？他们对你有什么希望吗？

B：__________。(寄予)

综合练习

I 词语练习

一 用画线的字组词

1. 童话：（　　　）（　　　）（　　　）（　　　）
2. 题材：（　　　）（　　　）（　　　）（　　　）
3. 演奏：（　　　）（　　　）（　　　）（　　　）
4. 眼色：（　　　）（　　　）（　　　）（　　　）

二 填入合适的名词

束缚（　　　）　　尝试（　　　）　　装修（　　　）
演奏（　　　）　　堆砌（　　　）　　领略（　　　）
古怪的（　　　）　　乖僻的（　　　）　　华美的（　　　）
贫穷的（　　　）　　敏感的（　　　）　　浓厚的（　　　）
一打（　　　）　　一帧（　　　）　　一袭（　　　）

三 填入合适的形容词

（　　　）的神童　　（　　　）的童年　　（　　　）的裁缝
（　　　）的题材　　（　　　）的插画　　（　　　）的字眼

四 填入合适的动词

（　　　）泪珠　　（　　　）赋税　　（　　　）自治权
（　　　）时装　　（　　　）诗意　　（　　　）神态
欢悦地（　　　）　　茫然地（　　　）　　沉痛地（　　　）
固执地（　　　）　　幽默地（　　　）　　烦恼地（　　　）

五 填入合适的量词

一（　　　）插画　　一（　　　）大作　　一（　　　）荷花
一（　　　）餐室　　一（　　　）钢琴　　一（　　　）童话

六 写出下列词语的近义词或反义词

（一）写出近义词

童年——　　束缚——　　穷困——

浓厚——　　俗气——　　愚笨——

沉痛——　　均衡——　　华美——

（二）写出反义词

古怪——　　悲剧——　　少量——

踌躇——　　敏感——　　自信——

愚笨——　　隔绝——　　一无所有——

七 选词填空

古怪　奇怪　束缚　约束　踌躇　犹豫　懊悔　懊恼

1. 他平时是个开朗活泼的人，最近忽然变得沉默寡言起来，大家都觉得有点（　　）。
2. 在经济改革方面，我们不能让旧的观念（　　）自己的手脚。
3. 这个假期小王打算去南方的一座名山旅游，但是，是去武夷山还是峨眉山，他还在（　　）不决。
4. 两年前我有一次出国留学的机会，但因为某些原因而放弃了，现在想起来很（　　）。
5. 今天我和同屋在路上遇到小娜，我发现同屋的表情有些（　　）。
6. 时间都快到了，他还是（　　）着拿不定主意，真让人着急。
7. 他终于拿到了博士学位，一副（　　）满志的样子。
8. 这些歹徒进屋后，把我们的身体（　　）起来，然后就开始抢劫财物。
9. 每个学校都有一些（　　）学生的规章制度，这对孩子来说有好处。
10. 电影里的那个外星人样子非常（　　），脑袋比身体还要大，看起来有些吓人。
11. 我小时候不懂事，嘲笑过一个身体有残疾的同学，现在想起来（　　）不已。
12. 由于自己不小心，把一些重要的证件都弄丢了，小张心里（　　）极了。

八 解释句子中画线词语的意思

1. 当童年的狂想<u>逐渐褪色</u>的时候，我发现我除了天才梦之外一无所有……

   A. 逐渐淡化和消失　　B. 逐渐退缩和老化　　C. 逐渐退化和遗忘

2. 当童年的狂想逐渐褪色的时候，我发现我除了天才梦之外<u>一无所有</u>……

   A. 除了一样东西以外什么都没有

   B. 一样东西都没有

   C. 一样东西没有，其他的都有

3. 我特地将半打练习簿缝在一起，预期一本洋洋大作，……

A. 指字数很多的作品　B. 指写海洋的作品　C. 指内容很有意思的作品

4. 九岁时，我踌躇着不知道应当选择音乐或美术做我终身的事业。

A. 一辈子的业绩　B. 临终时要做的事　C. 一辈子要做的事

5. 在现实的社会里，我等于一个废物。

A. 一个残废了的东西　B. 没有用的人　C. 被废除了的事物

6. 在待人接物的常识方面，我显露惊人的愚笨。

A. 跟别人相处　B. 从别人那里接受物品　C. 接到人和物

7. 可是我一天不能克服这种咬啮性的小烦恼，生命是一袭华美的袍，爬满了蚤子。

A. 指像被牙啃咬那样令人难受的烦恼

B. 指因为被牙啃咬而引起的烦恼

C. 指这种烦恼令人想用牙啃咬东西

九 选择正确的答案

1. 他是四川人，说普通话时四川口音很（　　）。

A. 浓厚　B. 浓郁　C. 浓重

2. 咱们俩是好朋友，这个忙我一定帮，但请我吃饭就（　　）了吧。

A. 除　B. 免　C. 废

3. 他是个好奇心非常强的人，什么新鲜事儿都想（　　）一下。

A. 尝试　B. 试验　C. 试行

4. 在那次战争中，全村人都逃进了深山里，过起了与世（　　）的生活。

A. 隔断　B. 间隔　C. 隔绝

5. 这（　　）照片上的人就是我的爷爷奶奶。

A. 帧　B. 篇　C. 页

6. 我这个人有个特点，就是对别人的情绪变化非常（　　）。

A. 敏捷　B. 灵敏　C. 敏感

7. 他向我们使了一个（　　），大家都心领神会地各自走开了。

A. 脸色　B. 眼色　C. 神色

8. 从他脸上（　　）出来的表情就可以知道，今天的事情成功了。

A. 显露　B. 显示　C. 显得

Ⅱ 课文理解练习

一 根据课文内容判断正误

读第一部分课文，做下面的题：

1.“我”之所以称自己是“古怪的女孩”，是因为从小就被视为天才。(　　)
2. 童年时的“我”只有发展自己的天才这一个生存目标。(　　)
3.“我”三岁的时候就被美国式的宣传誉为神童。(　　)
4. 我背诵的唐诗触动了那个“满清遗老”的“亡国恨”，他痛苦地流下了眼泪。(　　)
5. 七岁的时候“我”开始写小说，但并不是所有的字都会写。(　　)
6.“我”的第二部小说的内容是专门研究自杀的。(　　)
7.“我”小时候的课外读物非常丰富，它们对我的思想影响很大。(　　)
8.“我”八岁时写的《快乐村》是一篇以想象为主的小说。(　　)
9.《快乐村》这部小说最后写成了一本洋洋大作，“我”自己为它配上了插图。(　　)
10. 九岁的时候，“我”就已经选定了自己后来的职业。(　　)

读第二部分课文，做下面的题：

11. 因为爱用色彩浓厚的词语，所以“我”的小说经常会有词语堆砌的问题。(　　)
12. 学校里的自由环境培养了“我”的自信心。(　　)
13.“我”妈妈从法国回来后，对“我”的生存能力很不满意。(　　)
14. 在妈妈眼里，“我”在现实社会中是一个废物。(　　)
15. 妈妈耐心细致的教育终于提高了“我”的待人接物的能力。(　　)
16.“我”懂得享受生活中的乐趣，但就是不善于跟人打交道。(　　)

二 根据课文内容，用指定的词语回答问题或进行讨论

1.“我”小时候是个什么样的女孩儿？
(视为　除了　别无　然而　褪色　一无所有　只是　缺点)
2.“我”小时候在文学方面有什么具体的作为？
(被誉为　三岁时　背诵　七岁时　小说　八岁时　尝试　九岁时　踌躇　决定)
3. 具体说说“我”写的那部《快乐村》的小说是怎么回事。
(课外读物　束缚　蒙　免　予　所以　预期　然而　保存)
4.“我”妈妈从法国回来后发现了什么？妈妈采取了什么具体措施？
(自信心　懊悔　宁愿　“我”发现　总而言之　适应环境)

5. 妈妈所做的一切使“我”改变了吗？“我”还有什么烦恼？
（待人接物　显露　失败　除了　任何　领略　交接　可是）
6. 读完本文，你觉得“我”够得上是一个天才吗？为什么？
7. 在“我”的生活中，有成功也有失败，有欢悦也有烦恼。你认为其中哪一个是主要的方面？
8. “我”十六岁时，妈妈开始了对“我”的改造，但是却失败了。你认为是什么原因造成的？怎样做才能成功？

三 思考与表述

1. 课文中的“我”很有才华，但生活能力比较差，由此而引发了很多烦恼。你认为课文中“我”的情况和烦恼在我们的现实生活中存在吗？是怎么造成的？应该如何来解决？
2. 如果可以选择，你愿意当天才还是当普通人？为什么？
3. 说说你自己成长过程中的快乐和烦恼。
4. 说说你父母教育你时采取的好的或不好的方法。在你看来，理想的家庭教育应该是什么样的？

高等教育

① 伟高考落榜后就随哥哥到深圳打工。深圳很美，伟的眼睛就不够用了。哥说，不赖（lài）吧？伟说，不赖。哥说，不赖是不赖，可总归不是自己的家，人家瞧不起咱。伟说，咱自个儿瞧得起自个儿就行。

② 伟和哥在一个码头的仓库给人家缝补篷布。伟很能干，做的活儿很精细，他看到丢弃的线头碎布也拾起来，留做备用。

③ 一天夜里，暴风雨骤（zhòu）起，伟从床上爬起来，冲到雨帘中。哥劝不住他，骂他是个傻瓜。

④ 在露天仓库里，伟查了一个又一个的货堆，加固被掀起的篷布。这时候老板开车过来了，伟已成了一个水人儿。老板看到货物无损，当场要给

伟加薪。他说，不用了，我只是看看我缝补的篷布结不结实。

⑤ 老板见他如此诚实，就想让他到自己的另一个公司当经理。伟说，我不行，让文化高的人干吧。老板说，我说你行你就行，你比文化人高的就是你身上的憨（hān）劲儿！就这样，伟当了经理。

⑥ 公司刚开张，需要招聘几个大专以上文化程度的年轻人当业务员，哥闻讯跑来，说，给我弄个美差（chāi）干干。伟说，你不行。哥说，看大门也不行吗？伟说不行，你不会把活当自己家的事干。哥的脸涨得通红，骂他没良心！伟说把事当自个儿的事干才算有良心。

⑦ 公司来了几个有文凭的年轻人，业务很快就开展起来了，效益也不错。不知几个受过高等教育的年轻人从哪儿知道了伟的底细，很是不服，“就凭我们的学历，怎能受他的领导？”伟知道并不气，说：我们既然在一起做事，就要把事做好。我这经理谁都可以干，可有价值的并不是在经理的职位上。

⑧ 那几个大学生面面相觑（qù），就不吭声了。

⑨ 一家外商听说伟的公司很有发展前景，想和伟共同合作一个项目。伟的助手说，这可是一条大鱼啊。伟说，对头。

⑩ 外商来了，是位外籍华人，还带着翻译、秘书一行几人。

⑪ 伟用英语问：“先生，会说汉语吗？”

⑫ 那外商一愣，说：“会。”伟就说：“我们用汉语谈好吗？”

⑬ 外商道了一声“OK”。谈完了，伟邀请他们共进晚餐。

⑭ 晚餐很简单，但很有特色。所有的盘子都尽了，只剩下两个小笼包子。

⑮ 伟对服务员说：“请把这两个包子装进食品袋里，我带走。”伟说这话时很自然，他的助手却紧张起来，不住地看那外商。

⑯ 那外商站了起来，抓住伟的手紧紧地握着，说：“OK，明天我们就签合同。”

⑰ 事成之后，老板设宴款待外商，伟和他的助手都去了。

⑱ 席间，外商轻声问伟：“你受过什么教育？为什么能做得这么好？”

⑲ 伟说：“我家穷，父母不识字。可他们对我的教育是从一粒米、一根线开始的。后来，我母亲去世，父亲辛辛苦苦地供我上学。他说：‘俺不指

望你高人一等，能做好自己的事就中’……”

⑳ 一旁的老板眼里渗出亮亮的液体。他端起一杯酒，说：“我提议，敬他老人家一杯，你受到了人生最好的教育，把你父亲接来吧。”

（作者：王伟，选自《深圳特区报》）

一 根据文章内容选择正确答案

读第①—⑥段，做下面的题：

1. “深圳很美，伟的眼睛就不够用了”，这句话的意思是：
   A. 深圳美的东西太多，伟的眼睛看不过来了
   B. 深圳美的东西太多，伟的眼睛来不及看了
   C. 深圳美的东西太多，伟的眼睛看得太累了
2. 老板要给伟加薪，是因为：
   A. 伟做的活儿很精细　B. 伟知道为公司节省材料　C. 伟在暴雨中加固篷布
3. 老板让伟到另一家公司当经理，是因为看上他：
   A. 文化水平高　B. 诚实而有憨劲　C. 有经济头脑
4. 伟没有答应哥哥的要求，原因主要是：
   A. 哥哥的文化程度太低
   B. 哥哥不会把工作当做自己的事
   C. 哥哥没有什么技术特长
5. 伟认为什么才算有良心？
   A. 把工作当做自己的事　B. 照顾自己的亲戚朋友　C. 工作时不怕吃苦

读第⑦—⑳段，做下面的题：

6. 公司新来的年轻人不服伟，是因为：
   A. 伟太年轻了　B. 伟是从外地来的　C. 伟的学历低
7. 伟知道有人不服自己：
   A. 很生气，批评他们
   B. 不生气，要用行动证明
   C. 无所谓，不理他们

8. 伟的助手说，这可是一条大鱼啊。这里“大鱼”的意思是：

A. 是一笔大生意　　B. 是一家大公司　　C. 是一个好机会

9. 伟请外商吃的晚餐：

A. 很贵，很高级　　B. 很简单，很有特色　　C. 很新颖，很有味道

10. 伟要把剩下的包子带走，他的助手的反应是：

A. 觉得很自然　　B. 觉得很紧张　　C. 觉得很佩服

11. 外商很快就与伟的公司签了合同，原因是：

A. 很敬佩伟的行为　　B. 很喜欢伟的公司　　C. 很看重这笔生意

二 谈一谈

1. 通过伟的所作所为，我们能看出他是一个什么样的人？
2. 可以说伟的运气很好，但你觉得在伟的几次机会中有没有必然性？
3. 你觉得那个外商这么快就和伟的公司签合同的原因是什么？
4. 父母的教育对伟的影响很大。伟的哥哥和他在同样的家庭长大，为什么却表现出如此大的不同？
5. 你认为学历到底有多重要？它对我们的生活有多大的影响？一个人的学历和他的素质一定成正比吗？

7 人

课前思考

1. 在人生道路上，你遇到过什么困难？你是怎么解决的？
2. 可否谈谈你的人生目标？你是否会一直坚持下去？
3. 这篇课文是一次中国青少年作文大赛的获奖作品，讲述了四个人寻找传说中的仙果的经历。请读一读，思考一下他们的不同之处，以及作者把这四个人取名为“每个人”、“某个人”、“任何人”和“没有人”的含义。

课文

第一部分

有四个年轻的旅行者，分别叫做“每个人”、“某个人”、“任何人”和“没有人”。他们一起去寻找传说中神奇的仙果。

“每个人”心智平平，他希望更加聪明；“某个人”双目失明，希望重见光明；“任何人”有点瘸跛，希望百病全消；“没有人”弱听弱视，他也希望找到仙果。四个人怀着不同的目的，一起出发了。

东边路西边路南边路，五里铺七里铺十里铺，他们行一步盼一步更艰难一步。荆棘布道，密林蔽日，猿啼狼啸，虫叮蛇咬，他们没有害怕屈服。春暖花开，夏日酷暑，秋风萧瑟，冬寒刺骨，他们总迈着匆匆的脚步。峰回路转，

1 仙果	xiānguǒ	（名）	神话传说中的一种果实，具有起死回生或使人长生不老的奇效。
2 心智	xīnzhì	（名）	智力。
3 平平	píngpíng	（形）	不好不坏；寻常。
4 瘸	qué	（形）	跛。
5 跛	bǒ	（形）	腿脚有毛病，走起路来身体不平衡，向两边摇晃。
6 铺	pù	（名）	旧时的驿站。现多用于地名。
7 荆棘布道	jīngjí bù dào		丛生多刺的灌木遍布在道路上。
8 密林蔽日	mì lín bì rì		茂盛而稠密的树林遮挡了阳光。
9 猿啼狼啸	yuán tí láng xiào		野兽拉长声音叫。
10 叮	dīng	（动）	咬，蚊虫等用针形口器插入人或动物皮肤内吸食血液。
11 屈服	qūfú	（动）	在外来压力下放弃斗争，低头认输。（屈服——服从）
12 萧瑟	xiāosè	（拟声）	形容风吹树木发出的声响。
13 匆匆	cōngcōng	（形）	急急忙忙的样子。
14 峰回路转	fēng huí lù zhuǎn		山峰和道路曲折，多用来比喻困境中出现转机或新局面。

路转峰回，却依旧山无数水无数艰难无数。长期的劳累奔波使四人面黄肌瘦，瘦骨嶙峋。

十度春秋，历尽磨难，他们才看到了一个小小的渔村。规模不大，但比起他们风餐露宿，朝不保夕的生活，也算是衣食无虞。“每个人”犹豫退缩了。“找仙果太辛苦了，靠你们吧！”“每个人”耍了个小聪明①，“也许任何人可以找到，也许某个人能找到，也可能没有人能找到仙果。”“每个人”决定留在渔村，耐心地等待，等待。

“任何人”、“某个人”和“没有人”怀着希望又上路了。他们告别了温暖的渔村，迈过荒无人烟的旷野，穿过湿热的丛林，翻过皑皑的雪山，寒风把他们的衣服撕成碎片，恶狼的嚎叫使他们辗转难眠，饥饿的鳄鱼潜在前方的河流中，水蛭贪婪吸食他们的鲜血，一拔下就是一股血柱，他们全身找不出一块像样的皮肤。他们昼夜赶路不愿停下休息，眼中闪着希望的火花。

十年后，他们才看到了一个绿草如茵的牧场。夕阳西下，鸡栖于架，牛羊遍野。这比起他们茹毛饮血、饥饱不定的生活，总算是安定有序。“某个人”决定留下来。“找仙果太辛苦了，靠你们吧。”“某个人”的眼神黯淡无光，“任何人都可以找到，也不差我某个人，也许没有人找得到。”“某个人”决心留在牧场，耐心地等待，等待。

“任何人”和“没有人”背上行囊又上路了。一路上，江河挡道，断桥失修，急湍似箭，猛浪若奔，夹岸高山，皆生寒树，横柯蔽日，险峻无比。

15 劳累	láolèi	（形）	因过度劳动而疲乏。
16 奔波	bēnbō	（动）	辛劳地到处奔走。
17 面黄肌瘦	miàn huáng jī shòu		脸色枯黄，身体消瘦。形容身体很不健康的样子。
18 瘦骨嶙峋	shòu gǔ línxún		形容人十分瘦。嶙峋：形容人消瘦露骨。
19 十度春秋	shí dù chūnqiū		十年。度：相当于“次，回”。春秋：代指年。
20 磨难	mónàn	（名）	折磨和苦难。
21 渔村	yúcūn	（名）	渔民聚居的村庄。
22 风餐露宿	fēng cān lù sù		在风里吃饭，在露天住宿。形容旅途中的辛苦劳累。

23	朝不保夕	zhāo bù bǎo xī		保得住早上，不一定保得住晚上，形容形势危急。
24	衣食无虞	yī shí wú yú		不需为穿衣吃饭而发愁。虞：忧虑。
25	荒无人烟	huāng wú rényān		（地区）荒凉偏僻，见不到一户人家。
26	旷野	kuàngyě	（名）	空旷荒凉的原野。
27	皑皑	ái'ái	（形）	霜、雪洁白的样子。
28	碎片	suìpiàn	（名）	破碎的小片。
29	嚎叫	háojiào	（动）	大声喊叫。
30	辗转难眠	zhǎnzhuǎn nán mián		躺在床上翻来覆去地不能入睡。形容心中有事。同“辗转反侧”。
31	鳄鱼	èyú	（名）	一种凶恶的爬行动物，全身有灰褐色硬皮，捕食小动物，有的也吃人、畜。crocodile
32	潜	qián	（动）	隐在水面下。
33	水蛭	shuǐzhì	（名）	环节动物，生活在池沼或水田中，吸食人畜的血液。leech; bloodsucker
34	贪婪	tānlán	（形）	贪得无厌。
35	昼夜	zhòuyè	（名）	白天与黑夜。
36	火花	huǒhuā	（名）	比喻闪耀有如迸发出来的火焰或火星。
37	绿草如茵	lǜ cǎo rú yīn		绿油油的草坪，就像地上铺的褥（rù）子。形容草绿得可爱。
38	夕阳	xīyáng	（名）	傍晚的太阳。
39	栖	qī	（动）	鸟类停息，歇宿。
40	茹毛饮血	rú máo yǐn xuè		指原始人不会用火，连毛带血地生吃禽兽的肉。
41	安定有序	āndìng yǒuxù		平静稳定，有秩序。
42	眼神	yǎnshén	（名）	眼睛的神态，眼色。
43	行囊	xíngnáng	（名）	行李。
44	湍	tuān		急流的水。
45	皆	jiē	（副）	都，全是。
46	柯	kē		树枝。
47	险峻	xiǎnjùn	（形）	山势高峻而凶险。（险峻——险恶）
48	无比	wúbǐ	（动）	没有别的能够相比（多用于好的方面）。

"千山鸟飞绝，万径人踪灭[2]"，"任何人"和"没有人"互相搀扶，互相鼓励，艰难地踩着每一步。岁月的刻刀磨去他们年少的轻狂，在他们的额头眼角刻下沧桑。"任何人"和"没有人"开始衰老。

第二部分

又十年，他们来到了一个繁华的城市。城市里车来车往，热闹**非凡**。毕竟，这是去找仙果的路上最后一个可以遇到的人类居住的地方了。"任何人"挽住"没有人"的手，犹犹豫豫，吞吞吐吐。"我们朝也坎坷、夕也坎坷，岁月蹉跎，身心消磨。怕只怕昔日理想，今日南柯[3]啊！"

"没有人"知道最后一个同伴也放弃了，他轻轻抽回手。"我知道前进对于弱听弱视的人会更艰难，但我可以用心感觉，无怨无悔。""没有人"毅然决然地上了路，一根拐杖是他披荆斩棘的工具。"任何人"目送"没有人"悲壮前行，眼底有一点羞愧的泪水。

"没有人"走旷野、穿丛林、爬雪山、泅大河。"没有人"双手厚厚的茧子与岩石哧哧地摩擦；"没有人"无数次跌倒，无数次又爬起；"没有人"身上的血痂**结了落，落了结**；"没有人"一次次挑战极限，死里逃生。他走着，爬着，挣扎着，摸索着，一分钟也没有停止前进。

又过了整整二十年，"没有人"的头发、眉毛、胡子，白得像苍苍雪山，长得像他五十年不停追寻的漫长历程。

终于有一天，"没有人"踏上一块平地，他的手和脸已苍老得失去了

49 径	jìng		狭窄的小道。
50 搀扶	chānfú	（动）	从旁轻轻架住别人的手臂或身体。
51 岁月	suìyuè	（名）	年月，时光。
52 刻刀	kèdāo	（名）	雕刻用的刀具。
53 轻狂	qīngkuáng	（形）	轻浮狂放。
54 额头	étóu	（名）	眉毛之上头发之下的部分。
55 眼角	yǎnjiǎo	（名）	上下眼皮结合处。canthus；the corner of the eye

56 沧桑	cāngsāng	（名）	比喻世事变化很大。
57 衰老	shuāilǎo	（形）	因年老而身体、精力衰弱。
58 非凡	fēifán	（形）	超过一般；不寻常。
59 吞吞吐吐	tūntūntǔtǔ	（形）	形容说话有顾虑，想说又不敢说的样子。
60 坎坷	kǎnkě	（形）	道路不平。比喻经历曲折，不得志。
61 蹉跎	cuōtuó	（动）	时间白白地过去。
62 消磨	xiāomó	（动）	意志、精力等消散磨灭。
63 昔日	xīrì	（名）	往日，从前。
64 无怨无悔	wú yuàn wú huǐ		既没有怨恨，也不后悔。指心甘情愿地接受某种事实或结果。
65 毅然决然	yìrán juérán		毫不犹豫，很坚决的样子。
66 拐杖	guǎizhàng	（名）	手杖，俗称拐棍。
67 披荆斩棘	pī jīng zhǎn jí		比喻在前进道路上消除障碍，克服种种困难。
68 羞愧	xiūkuì	（形）	感到羞耻和惭愧。
69 丛林	cónglín	（名）	茂密的树林子。
70 泅	qiú	（动）	在水里游，多指游水渡过。
71 茧子	jiǎnzi	（名）	手上或脚上因长期劳动、走路而磨成的硬皮。callus
72 哧哧	chīchī	（拟声）	摩擦、撕裂的声音。
73 血痂	xuèjiā	（名）	伤口或疮口由血液凝结成的块状物。scab
74 挑战	tiǎozhàn	（动）	主动表示要跟对方竞赛。
75 极限	jíxiàn	（名）	最高的限度。
76 死里逃生	sǐ lǐ táo shēng		从极其危险的境地逃脱，保全性命。
77 挣扎	zhēngzhá	（动）	奋力支撑。
78 摸索	mōsuǒ	（动）	试探着（行进）；寻找（方向、方法、经验等）。（摸索——探索）
79 苍苍	cāngcāng	（形）	灰白。
80 追寻	zhuīxún	（动）	跟踪寻找。
81 历程	lìchéng	（名）	经历的过程。（历程——过程）
82 苍老	cānglǎo	（形）	衰老（多指声音、形貌）。

知觉，只有一颗心依然顽强跳动。是这儿吗？“没有人”看不明听不清，他只能用心细细地感觉。一滴浑浊的老泪爬过他脸上的沟壑，滴落在地上。奇迹发生了！“没有人”似乎感到了生命破土而出的萌动。闻到叶的清香，花的浓烈，果的馥郁。他吃力地摘下一**枚**软果，咬一口，又脆又甜。刚吃完，他清晰地看见果树成行，花红草绿，所有的果子都朝他点头微笑；微风轻拂，他竟听到叶子的欢笑和鸟的歌唱！他在溪边一照，惊奇地发现自己白发复黑，面色红润，神采奕奕！“没有人”感激地吻着脚下的土地。“没有人”不贪心，他怀揣三个果子，踏上归途。

他身轻如燕、健步如飞。他路过城市、牧场、渔村，分别拜访了“任何人”、“某个人”和“每个人”，他们却都已白发苍苍，他们都不相信这个充满活力的年轻人就是当初与他们同行的弱听弱视的“没有人”。“没有人”把果子分给他们。“任何人”病好了，“某个人”复明了，“每个人”是否变聪明倒**一时**难下定论。遗憾的是，他们依旧白发苍苍，也许，只有亲自采摘品尝新鲜的仙果，才能有最大的收获吧！

三个人面面相觑，是后悔自己的不坚持还是懊丧自己太依赖别人了呢？他们好悔啊！

（作者：蔡雨玲，选自《首届全国新概念作文大赛获奖作品选》，有改动）

83 知觉	zhījué	（名）	感觉。
84 沟壑	gōuhè	（名）	山沟。gully；ravine
85 破土而出	pò tǔ ér chū		（植物）从土里长出来。
86 萌动	méngdòng	（动）	（植物）开始发芽；（事物）开始发生。
87 浓烈	nóngliè	（形）	浓重强烈。
88 馥郁	fùyù	（形）	形容香气浓厚。
89 枚	méi	（量）	计量形体小的东西，相当于“个”。
90 红润	hóngrùn	（形）	（色）红而滋润（多指皮肤）。
91 神采奕奕	shéncǎi yìyì		形容精神旺盛、容光焕发。
92 贪心	tānxīn	（形）	贪得无厌。
93 揣	chuāi	（动）	藏在衣服或口袋里。
94 身轻如燕	shēn qīng rú yàn		身体轻巧，动作敏捷。

95 健步如飞	jiàn bù rú fēi		脚步轻快有力，像飞一样。
96 活力	huólì	（名）	旺盛的生命力。
97 复明	fùmíng	（动）	失明后视力又恢复。
98 面面相觑	miànmiàn xiāng qù		你看看我，我看看你。形容大家因惊惧或不知所措而互相望着，都不说话。
99 懊丧	àosàng	（形）	因事情不如意而情绪低落，精神不振。

注释

① 耍小聪明 shuǎ xiǎo cōngming：惯用语，意思是为维护个人利益而在小事情上用小计谋，有贬义。

② 千山鸟飞绝，万径人踪灭 qiān shān niǎo fēi jué，wàn jìng rén zōng miè：出自唐代诗人柳宗元的《江雪》，全诗如下：千山鸟飞绝，万径人踪灭。孤舟蓑（suō）笠（lì）翁，独钓寒江雪。诗中描绘了冬天栖鸟不飞，行人绝迹，一位身穿蓑衣头戴斗笠的老人在孤舟中独自垂钓的情景。

③ 南柯 Nánkē：出自成语“南柯一梦”（也说一梦南柯）。唐李公佐《南柯太守传》里说：淳于棼（fén）做梦到大槐（huái）安国做南柯太守，享尽富贵荣华，醒来才明白大槐安国就是住宅旁边大槐树下的蚁穴。后用来指一场梦幻，或比喻追名逐利落了空。

词语辨析

1 屈服——服从

【牛刀小试：把“屈服”和“服从”填入下面的句子中】

1. 人们常说：（　　）命令是军人的天职。在军队中，必须一切行动听指挥。
2. 最后，她不得不向来自家庭的压力（　　），放弃了自己的选择。
3. 如果我们遇到一点困难就（　　），那就什么事情都做不成了。
4. 由于不（　　）公司的工作安排，他被炒了鱿鱼。

【答疑解惑】

语义

都有“听从别人意愿”的意思。但“屈服”侧重在对外来压力妥协让步、放弃斗争，语义较重，是贬义词；“服从”意为遵照、听从，不一定违背本意，语义较轻，是中性词。

（1）不管遇到多大的压力，我们都会坚持下去，绝不屈服。

（2）李先生服从公司的安排，调换了工作岗位。

用法

都是动词。“屈服”适用范围较小，对象多为压力、敌人、强者等。“服从”适用范围很大，对象可以是组织和人，也可以是纪律、法则、命令等抽象事物。另外，“服从”可以直接带宾语，而“屈服”只能加“于”后带宾语。

（3）在敌人的严刑拷打下，他屈服了，出卖了组织的秘密。

（4）在单位里，通常都是少数服从多数，下级服从上级。

（5）这是军事委员会的决定，谁敢不服从？

（6）他屈服于各方面的压力，不得不改变了自己的计划。

2 险峻——险恶

【牛刀小试：把“险峻”和“险恶”填入下面的句子中】

1. 地处陕西的华山以山势（　　）著称于世，一般人要想登顶绝非易事。
2. 一位老者突发急病，情况（　　），人们赶快拨打了999急救电话。
3. 这里地处青藏高原的大山深处，自然环境（　　），生活十分艰苦。
4. 这个歹徒企图抢劫出租车，并且杀人灭口，用心极其（　　）。
5. 北大山鹰社曾经征服过许多（　　）的高山，也曾经为此付出过生命的代价，但他们并没有因此而停止向大自然的挑战。

【答疑解惑】

语义

这两个词的差别主要表现在语义上。虽然它们都可以形容山势高而危险，但“险峻”强调山势高而陡，“险恶”强调山势凶险，令人害怕。

（1）这座山山势险峻，在这位老画家的眼里，是入画的好风景。

（2）这一带山势十分险恶，大家务必小心。

另外，“险恶”除了形容山势外，还可形容疾病、环境等的危险可怕。

（3）那位姑娘病情险恶，留给她的时间已经不多了。

“险恶”还有“邪恶的；罪恶的”意思。

（4）他用心险恶，跟他在一起你必须步步小心。

3 摸索——探索

【牛刀小试：把“摸索”和“探索”填入下面的句子中】

1. 学习语言的方法是各种各样的，需要每个人根据自身的特点，在自己的学习过程中慢慢（　　）。
2. 突然停电了，我在黑暗中（　　）着去找手电和蜡烛。
3. 在课堂上，老师带领着孩子们不断地（　　）科学的奥秘。
4. 经过多年的艰苦（　　），王教授终于找到了这个科学难题的答案。

【答疑解惑】

语义

都有“试探、寻求”的意思。但“摸索”指在方向不明、经验不足的情况下一点一点地寻找，“探索”侧重在深入地探究，试图发现隐藏的事物，多方寻求答案，解决疑难问题。

（1）他们在漆黑的夜里摸索着前进。

（2）张老师经常启发学生们积极探索自然界的奥秘。

用法

都是动词。但“摸索”多与方向、门径、经验、方法等搭配，“探索”多与本质、根源、奥秘、规律、原因、知识、实质等搭配。

（3）我们在工作中初步摸索出一些经验，希望能对大家有所帮助。

（4）面对并不和平的世界，这位哲学家决定探索人类爆发战争的根源。

4 历程——过程

【牛刀小试：把“历程”和“过程”填入下面的句子中】

1. 新中国的成立经历了不平凡的（　　）。
2. 回顾公司成立以来的发展（　　），大家都深感科学管理方法的重要性。
3. 生产一台电脑的（　　）非常复杂，需要很多部门的合作。
4. 中国的经济在以后的发展（　　）中，还要继续与世界接轨。
5. 祝愿他们俩在今后的婚姻生活的（　　）中，互敬互爱，白头到老。

【答疑解惑】

语义

都可表示事物发展变化经过的程序、道路。但“历程”侧重指人们经历的较长的不平凡的事情的过程，带庄重色彩；“过程”可指一切事物进行或发展变化的经过与程序。

（1）读者透过老作家的人生历程，能看到近百年社会风云变幻的一个侧面。

（2）在这家工厂里，我们了解了巧克力的生产制作过程。

用法

都是名词。“历程”适用范围较小，多用于革命、战斗、个人或组织的成长等，一般用于过去的、已经完成的事；“过程”适用范围较广，可用于一切事情的进行或事物发展变化的经过，可指过去、现在、将来的事。

（3）这就是老将军不平凡的战斗历程的起点。

（4）一般有大成就的人，都有其苦难的心路历程。

（5）他详细叙述了自己走上犯罪道路的过程。

（6）我们适应新环境的过程，其实也是认识自己、提高自己的过程。

（7）在今后的求学过程中，我将更加勤奋、更加谦虚。

语体

“历程”多用于书面语；“过程”可用于口语、书面语。

1 十度春秋，历尽磨难，他们才看到了一个小小的渔村。规模不大，但比起他们风餐露宿，朝不保夕的生活，也算是衣食无虞。

【解释】比起……（来）：意思是“跟……相比”。

【举例】（1）他只觉得自己比起初到厂里的时候，老了许多许多。

（2）明孝陵大概是开国时草创的规模，所以简朴得很，比起长陵，差得太远了。

（3）比起一般的学生来，他还不能算是很勤奋的。

（4）张文这个人在他看来是“有些能力”，不过比起他来还算不了什么。

【练习】完成句子（后两题请用“比起”）：

（1）比起刚到中国的时候，________________。

（2）比起________来，________________。

（3）________________，我的生活水平算是不错了。

（4）这个导演水平确实还可以，不过________________。

2 ……横柯蔽日，险峻无比。

【解释】无比：意思是“没有别的能够相比”。常用格式是：双音节形容词+无比。

【举例】英勇无比/威力无比/硕大无比/聪颖无比/兴奋无比/骄傲无比

【链接】无比+形容词或动词：此时“无比”的意思是“非常”。如：无比幸福/无比优越/无比美好/无比强大/无比热爱/无比仇恨/无比感慨/无比轻松/无比浪漫/无比舒适/无比信任/无比烦恼/无比紧张/无比开心。

【练习】用“无比”完成句子：

（1）终于结束了风餐露宿的生活，重新回到了温暖舒适的家，他感到____。

（2）作为一名教师，她________________自己的工作。

（3）这位科学家从小就________________，才智超群。

（4）他的话________________，谁也不敢违抗。

3 城市里车来车往，热闹非凡。

【解释】非凡：形容词，意思是“超过一般；不同寻常；不平凡的”。褒义词。

【举例】非凡的技能/非凡的成就/非凡的魅力/非凡的组织才能/业绩非凡/才华非凡/相貌非凡/气质非凡/价值非凡/品质非凡/美丽非凡

【练习】用“非凡”完成句子：

（1）一到周末，这条街道就变得________________。

（2）经过二十年的努力，这个省在经济上取得了________________。

（3）他在当校学生会主席期间，便已表现出________________。

（4）因为他________________，所以老板决定奖励他。

4 “没有人”身上的血痂结了落，落了结……

【解释】表示两个动作不断交替重复。“了”是助词，表示动作或变化已经完成。动词多为单音节动词。

【举例】（1）人们因为蚕吃了睡，睡了吃，就把它比作是刚出生不久的婴儿，亲切地叫它“蚕宝宝”。

（2）她擦了写，写了擦，一句话足足写了十分钟。

（3）她是个爱赶时髦的人，她的衣服常常是买了扔，扔了又买。

（4）他站起来了又倒下，倒下了又站起来，不停地做着这个动作，直到筋疲力尽。

【练习】用上面这种格式完成句子：

（1）这对夫妻结了离，________________，简直把婚姻当成了儿戏。

（2）那位老人先买了一块地，然后便把这块地卖了。接着又买了更大的一块地，然后又卖掉了……就这样________________，赚了不少钱。

（3）他一手拿笔，一手拿酒杯，____________，诗写完了，酒杯也空了。

（4）我________________________________，一天就这样过去了。

5 他吃力地摘下一枚软果。

【解释】枚：量词。相当于“个”，多用于形体偏小的东西或形体偏大的某些武器。多用于书面语，较为庄重。

【举例】一枚硬币/一枚铜元/三枚邮票/三枚奖章/五枚纪念章/一枚金牌/一枚火箭/两枚导弹

【练习】参考上面所给的“枚”的短语完成句子：

（1）颁奖嘉宾把__________________________挂在了冠军的胸前。

（2）他从钱包里拿出__________，决定用抛硬币的方式来决定自己的去留。

（3）昨天，联军又向这个地区发射了________________________。

6 “每个人”是否变聪明倒一时难下定论。

【解释】一时：副词，表示行为在短时间里发生。这里的“一时”有“暂时”、“短时间”的意思。

【举例】（1）我一时还不想去深圳。

（2）吴越试探地瞧着芳芳，一时猜不透芳芳心里的谜。

（3）他只是来城里打工的，一时哪里拿得出这么多钱。

（4）她年纪轻，一时糊涂，被别人利用了。

【链接】一时半会儿：口语，指较短的时间。

【举例】（5）饺子一时半会儿做不好，你们先看一会电视吧。

【练习】用“一时”完成句子：

（1）我____________________他的名字了。等一会儿我再问问别人。

（2）第一次参加演讲比赛时，因为紧张，____________________。

（3）他很想戒烟，________________________________。

（4）主任刚交给我一个活儿，____________________，你先走吧。

I 词语练习

一 用画线的字组词

1. 劳累：(　　　　)　(　　　　)　(　　　　)　(　　　　)
2. 旷野：(　　　　)　(　　　　)　(　　　　)　(　　　　)
3. 衰老：(　　　　)　(　　　　)　(　　　　)　(　　　　)
4. 历程：(　　　　)　(　　　　)　(　　　　)　(　　　　)

二 填入合适的名词

神奇的（　　　　）　　匆匆的（　　　　）　　荒无人烟的（　　　　）
皑皑的（　　　　）　　绿草如茵的（　　　　）　　白发苍苍的（　　　　）
寻找（　　　　）　　怀着（　　　　）　　挑战（　　　　）
拜访（　　　　）　　品尝（　　　　）　　依赖（　　　　）

三 填入合适的量词

要了（　　　　）小聪明　　一（　　　　）血柱
找不出一（　　　　）像样的皮肤　　一（　　　　）拐杖
踏上一（　　　　）平地　　一（　　　　）心依然顽强跳动
一（　　　　）浑浊的老泪　　一（　　　　）邮票

四 填入合适的动词

耐心地（　　　　）　　贪婪地（　　　　）
毅然决然地（　　　　）　　细细地（　　　　）
吃力地（　　　　）　　清晰地（　　　　）

五 写出下列词语的近义词或反义词

（一）写出近义词

瘸——　　奔波——　　退缩——
行囊——　　昔日——　　苍老——

（二）写出反义词

退缩——　　夕阳——　　险峻——

衰老——　　非凡——　　坎坷——

六 选词填空

迈　怀　翻　穿　潜　闪　撕　拔

“任何人”、“某个人”和“没有人”（　　）着希望又上路了。他们告别了温暖的渔村，（　　）过荒无人烟的旷野，（　　）过湿热的丛林，（　　）过皑皑的雪山，寒风把他们的衣服（　　）成碎片，恶狼的嚎叫使他们辗转难眠，饥饿的鳄鱼（　　）在前方的河流中，水蛭贪婪吸食他们的鲜血，一（　　）下就是一股血柱，他们全身找不出一块像样的皮肤。他们昼夜赶路不愿停下休息，眼中（　　）着希望的火花。

屈服　服从　险峻　险恶　摸索　探索　历程　过程

1. 同学们从四面八方走到一起来，都有一个互相认识、互相了解的（　　）。
2. 我喜欢（　　）的高山，也喜欢平坦的草地。
3. 所有参与这次行动的人都必须（　　）总指挥部的指挥。
4. 你想，我们经过这许多年的（　　），到现在才总结出一点经验。
5. 这个名为“看世界”的节目引导孩子们（　　）大千世界的奥秘。
6. 这些老兵谁也忘不了几十年前共同走过的那段艰苦的战斗（　　）。
7. 他（　　）于外界的压力，放弃了自己的计划。
8. 她现在的处境十分（　　），我们必须想尽一切办法把她救出来。

七 解释句子中画线词语的意思

1. “每个人”心智平平。

A. 平和　　B. 一般　　C. 软弱

2. 十度春秋，历尽磨难。

A. 番　　B. 次　　C. 趟

3. 但比起他们风餐露宿，朝不保夕的生活，也算是衣食无虞。

A. 衣食都有保障　　B. 缺衣少食　　C. 没有准备衣服和食品

4. “每个人”耍了个小聪明。

A. 玩　　B. 戏弄　　C. 施展

5. ……夹岸高山，皆生寒树……

A. 也　　B. 还　　C. 都

6. 怕只怕昔日理想，今日南柯啊！

A. 以前的理想改变了

B. 以前的理想只是一场梦

C. 以前的理想实现了，但却毫无意义

7. “任何人”病好了，“某个人”复明了，“每个人”是否变聪明倒一时难下定论。

A. 很难下明确的论断　　B. 很难解释原因　　C. 难以下定决心

八 选择正确的答案

1. 四个人（　　）着不同的目的，一起出发了。

A. 怀　　B. 有　　C. 找

2. 东边路西边路南边路，五里铺七里铺十里铺，他们行一步盼一步（　　）艰难一步。

A. 还　　B. 更　　C. 越

3. 荆棘布道，密林蔽日，猿（　　）狼啸……

A. 啼　　B. 叮　　C .咬

4. ……他们没有害怕（　　）。

A. 克服　　B. 征服　　C. 屈服

5. 他们总（　　）着匆匆的脚步。

A. 走　　B. 迈　　C. 奔

6. 他们告别了（　　）的渔村。

A. 温暖　　B. 温和　　C. 和气

7. 穿过湿热的丛林，翻过（　　）的雪山。

A. 苍苍　　B. 蒙蒙　　C. 皑皑

8. “某个人”的眼神（　　）无光。

A. 黑暗　　B. 黯淡　　C. 发黑

9. 岁月的刻刀磨去他们年少的轻狂，在他们额头眼角刻（　　）沧桑。

A. 起　　B. 下　　C. 住

10.（　　），这是去找仙果的路上最后一个可以遇到的人类居住的地方了。

A. 究竟　　B. 到底　　C. 毕竟

11. 又过了（　　）二十年……

A. 整个　　B. 整整　　C. 完整

九 选择下面的词语填空，并模仿造句

面黄肌瘦	风餐露宿	茹毛饮血	吞吞吐吐
披荆斩棘	死里逃生	神采奕奕	面面相觑

1. 面对着尴尬的局面，他俩（　　　），不知怎么办才好。
2. 这位老人一生饱经沧桑，但依然（　　　）。
3. 这次战斗中，他的战友们都牺牲了，只有他一个人（　　　）。
4. 这儿的丛林中根本没有路，探险队员们（　　　），历尽艰辛，才找到了这条河的源头。
5. 她（　　　）地说了半天，我也没弄明白她的意思是什么。
6. 他一个人长期在野外（　　），别人觉得很苦，他自己却无怨无悔。
7. 这些灾民个个（　　），营养不良。
8. 那些人远离现代文明，依然过着（　　　）的生活。

Ⅱ 课文理解练习

一 根据课文内容判断正误

读第一部分课文，做下面的题：

1. 人们都说在某个地方确实有仙果。（　　）
2. 这四个人想寻找的东西各不相同。（　　）
3. 十年后，"每个人"决定留在渔村。（　　）
4. 二十年后，"某个人"很想建一个绿草茵茵的牧场。（　　）

读第二部分课文，做下面的题：

5. 三十年后，在一个繁华的城市里，"任何人"和"没有人"互相鼓励，继续前进。（　　）
6. "没有人"认为自己的同伴应该感到很羞愧。（　　）
7. 在追寻的过程中，"没有人"也曾想到过放弃。（　　）
8. 五十年后，"没有人"偶然发现了仙果。（　　）
9. "没有人"吃下仙果以后，白发复黑，面色红润，神采奕奕。（　　）
10. "没有人"揣着很多仙果，踏上了归途。（　　）
11. 其他三个人吃了仙果以后，毫无作用。（　　）

二 根据课文内容，用指定的词语回答问题或进行讨论

1. 他们为什么要去寻找仙果？
   （平平　双目失明　重见光明　瘸　百病全消　弱听弱视）
2. 他们路上的生活怎么样？
   （风餐露宿　茹毛饮血　饥饱不定　面黄肌瘦　瘦骨嶙峋）
3. 有一天，“没有人”踏上一块平地，他是怎么发现仙果的？
   （摘　咬　看见　听到　照　发现）
4. “没有人”找到仙果后干什么了？
   （吻　揣　路过　拜访　白发苍苍　分　复明　一时　遗憾）
5. 万一“没有人”失败了，你认为他的这种追求是否值得？为什么？
6. 作者把第四个人叫做“没有人”，是否有什么特别的含义？

三 思考与表述

1. 在这四个人中，你会选择跟谁在一起？说说你的理由。
2. 你认为这篇文章有什么寓意？
3. 每个人都有自己的追求和目标，但往往只有少数人最终将它变为了现实。这些将理想变为现实的人一般具备哪些共同的特点？
4. 在你看来，什么是成功？

时尚的产生

①在美国西部，一个乡下青年要去参加斗牛赛，可他穷得除了一条破裤子，再也没得换了。事先，他曾想借一条裤子，可朋友们说，他要去参加斗牛赛，回来时，好裤子可能又成了破裤子，于是，谁都不肯借给他。他只好穿着露了膝（xī）盖的破裤子到了赛场。没想到，他竟奇迹般地得了第一。他上台领奖时，破裤子使他很难为情。台下十几名摄影记者却不管不顾地为他拍照，他简直无地自容。谁想，他的相片被登在报上后，他的破牛仔裤竟然成了当时许多年轻人效仿的款式。几天以后，大街小巷，到处都是穿

着破裤子的青年。这一景象一直流传到今天。

② 在法国，一个不被人所知的流浪歌手，整天在大街上卖唱，可他不知道自己的歌唱得有多好。他穿着一条肥大的裤子，手握一把吉他，从一个城市走到另一个城市。有一天，一个经纪人竟为他出资，要帮他组建一支OK乐队，并让他提出自己的要求。他的唯一要求，便是希望投资人给他先买几条裤子，把他不合时宜的大肥裤子换掉，因为那时的歌星们，都是穿着很合身的瘦腿裤。

③ 可是，他的资助人却笑了，说我就是看中了你的肥裤子。从此，他的肥裤子果然代表了一种潮流和时尚。在世界各地，许多歌手和乐队都开始穿起了肥裤子。

④ 把头发染成多种颜色，更是一个无钱理发的年轻人所为。有一天，在英国小镇莱切，一个青年走到一家化工厂楼下的时候，被楼上倒下来的一桶化学物质弄脏了头发。他没有钱去理发，就那么留着，红红黄黄地留了几天，惹得大街上许多青年纷纷追逐，然后又去效仿。结果，有家理发店抓住时机，专门找人研制出了各种染发的颜料，满足了新奇者的愿望。这一现象一直扩大到全球，成为一种典型的时尚。

⑤ 在巴西，一个乡下女孩儿进城时，她的姥姥在她的裤子上绣了几朵花，这本来是很土、很落后的工艺，早就被淘汰（táotài）了。可老太太实在没钱打扮自己的外孙女，只能力所能及地绣上几朵花。但没有想到，那时城里的女人正因为“没得穿”而发愁，她们看到女孩子的裤子时，不觉眼睛一亮，这女孩子简直就是开了女性服装之先河。爱美的城里女人纷纷去缝衣店里定做。于是，满大街都是绣了花的裤子。这种裤子先是在欧洲流行，后来又传到亚洲。女孩子们又都穿上绣花的裤子。

⑥ 光脚丫（yā）不穿袜子，其实也是穷家女孩儿创造出来的。涂红脚指甲，也是乡下女孩子开的头。在南非，一个女孩儿到城里打工，在商店，她不小心打碎了柜台上的一瓶指甲油，后来发现指甲油染了她的脚指甲。这么贵的东西，她不忍心擦掉，于是就这么走在路上。结果，这反而成了一种时尚，这位女孩儿成了涂脚指甲油的开创者和传播者。

⑦ 如果你去考察，你就会惊奇地发现，许多时尚的东西，并不是那些富人创造的，而恰恰是那些很不起眼的小人物或干脆就是一些穷人的无奈。

这些时尚的发明，开始时，也并非都是什么乐事，它往往来自许多人的苦涩命运。

（作者：星竹，选自《北京晚报》）

阅读练习

一 根据文章内容选择正确答案

读第①—③段，做下面的题：

1. 关于美国西部的那个乡下青年，下面哪点不正确？
   A. 他的破裤子让他不好意思
   B. 他的朋友不愿借给他裤子
   C. 记者们被他的裤子吸引住了
2. 关于法国的那个流浪歌手，下面哪点正确？
   A. 他认为自己唱得很好
   B. 他的唯一要求是加入一支乐队
   C. 他的肥裤子为他带来了好运

读第④—⑦段，做下面的题：

3. 染发的时尚起源于：
   A. 一家理发店的失误
   B. 一家化工厂的设想
   C. 一个青年的脏头发
4. 关于穿“绣花的裤子”的时尚，下面哪点正确？
   A. 始于亚洲
   B. 始于穷人的无奈
   C. 是一个女孩子的创意
5. 那个打碎了一瓶指甲油的女孩子为什么不愿把脚上的指甲油擦掉？
   A. 她觉得这是一种时尚
   B. 她觉得擦掉太可惜
   C. 她来不及把它擦掉

二 谈一谈

1. 你认为什么是时尚？
2. 文章中写道："如果你去考察，你就会惊奇地发现，许多时尚的东西，并不是那些富人创造的，而恰恰是那些很不起眼的小人物或干脆就是一些穷人的无奈。"你是否同意这个观点？在你看来，时尚是怎样产生的？
3. 热衷于追求时尚的大部分是些什么样的人？
4. 你获取时尚信息的主要渠道是什么？时尚对你的生活有什么影响？
5. 你认为追求时尚和保持个人风格是不是矛盾的？

8 随感二则

课前思考

1. 在你看来，职业有没有高低贵贱之分？为什么？
2. 在你们国家，有没有孝顺长辈的文化和相关的俗语？
3. 这篇课文的作者梁实秋是中国现代文化史上著名的文学评论家、散文家、翻译家。本课选取的两则随感中，作者从两句俗语入手，谈论了自己对现状的一些看法。请读一读，了解一下文中的俗语所包含的价值观念以及作者的见解。

第一部分

吃一行，恨一行

“三百六十行[1]，行行出状元。”这是说职业不分上下，每一行范围之内一个人只要努力，不愁不能出人头地做到顶尖的位置。这也是劝勉人各就岗位奋斗向上，不要一味地“这山望着那山高[2]”。究竟行还是有高低，犹山之有高低。状元与状元不同。西瓜大王不能与钢铁大王比，馄饨大王也不能和煤油大王比。

每一行都有它的艰难困苦，其发展的路常是坎坷多舛的。投身到任何一个行当，只好埋头苦干。有人只看见和尚吃馒头，没看见和尚受戒，遂生羡慕别人之心。以为自己这一行只有苦没有乐，不但自己唉声叹气，恨自己选错了行，还会谆谆告诫他的子弟千万别再做这一行。这叫做“吃一行，恨一行”。

造出“吃一行恨一行”这句话的人，其用心可能是劝勉大家安分守己，但是这句话也道出了无数人的无可奈何的心情。其实干一行应该爱一行才对。因为没有一行没有乐趣，至少一件工作之完满的完成便是无上乐趣。很多知道敬业的人不但自己满足于他的行当，而且教导他的子弟步武他的踪迹，被人称为“克绍箕裘[3]”，其间没有丝毫恨意。

1 行	háng	（名）	行业。trade；profession
2 状元	zhuàngyuan	（名）	科举考试第一名的称号。比喻在本行业中成绩最好或成就最高的人。
3 出人头地	chū rén tóu dì		超出一般人；高人一等。
4 顶尖	dǐngjiān	（形）	达到最高水平的。
5 劝勉	quànmiǎn	（动）	劝导并勉励。
6 岗位	gǎngwèi	（名）	原指军警守卫时所站的位置，现泛指职位。
7 一味	yíwèi	（副）	单纯地；总是。
8 犹	yóu	（动）	如同。
9 大王	dàwáng	（名）	本课指垄断某种经济事业的人。

10 钢铁	gāngtiě	（名）	钢和铁的合称，有时专指钢。iron and steel; steel
11 馄饨	húntun	（名）	面食，用薄面片包馅儿，通常是煮熟后带汤吃。wonton
12 煤油	méiyóu	（名）	从石油中分馏或裂化出来的油。挥发性比柴油高，比汽油低。可用作燃料。kerosene
13 坎坷多舛	kǎnkě duō chuǎn		人生的道路高低不平，有很多不幸。舛：不平。
14 投身	tóushēn	（动）	献身出力。
15 行当	hángdang	（名）	行业。
16 埋头	máitóu	（动）	专心，下功夫。
17 受戒	shòu jiè		佛教用语，在一定的宗教仪式下接受戒律。
18 遂	suì	（副）	就；于是。
19 唉声叹气	āi shēng tàn qì		因伤感、烦闷或痛苦而发出叹息的声音。
20 谆谆	zhūnzhūn	（形）	形容恳切教导。
21 告诫	gàojiè	（动）	警告劝诫（多用于上级对下级或长辈对晚辈）。
22 子弟	zǐdì	（名）	指同一家族中年轻的后辈或同辈。
23 用心	yòngxīn	（名）	怀着的某种念头。
24 安分守己	ānfèn shǒujǐ		规矩老实，不做超出本分的事。
25 无可奈何	wúkě nàihé		没有办法；没有办法可想。
26 乐趣	lèqù	（名）	使人感到快乐的趣味。
27 完满	wánmǎn	（形）	没有缺欠；圆满。（完满——完美——完备）
28 无上	wúshàng	（形）	没有更高的，最高。
29 敬业	jìngyè	（动）	专心致力于学业或工作。
30 教导	jiàodǎo	（动）	教育指导。
31 步武	bùwǔ	（动）	跟着别人的脚步走。比喻效法。武：脚步。
32 踪迹	zōngjì	（名）	行动所留的痕迹。
33 丝毫	sīháo	（形）	极小或很少；一点儿。
34 恨意	hènyì	（名）	后悔的感觉。

第二部分

子不嫌母丑，狗不嫌家贫

狗是很聪明的动物，但不太聪明。乞丐拄着一根杖，提着一个钵，沿门求乞，一条瘦狗寸步不离地跟随着他。得到一些残羹剩炙，人与狗分而食之。但是狗不会离开他，不会看到较好的去处便去趋就，所以说狗不算太聪明，虽然它有那么一分义气。

在儿女的眼光里，母亲应该是最美最可爱最可信赖最该受感激的一个人。人有丑的，母亲没有丑的。母亲可以老，但不会丑。从前有一首很流行的儿歌《乌鸦歌》，记得歌词是这样的："乌鸦乌鸦对我叫，乌鸦真真孝。乌鸦老了不能飞，对着小鸦啼。小鸦朝朝打食归，打食归来先喂母。'母亲从前喂过我！'"这是藉乌鸦反哺来劝孝的歌，但是最后一句"母亲从前喂过我"实在非常动人，没有失去人性的人回想起"母亲从前喂过我"，再听了这句歌词，恐怕没有不心酸的。每个人大概都会为了他的母亲而感觉骄傲，谁会嫌他的母亲丑？

"子不嫌母丑，狗不嫌家贫"，话没有错。不过嫌贫爱富恐怕是人之常情，不嫌家贫这份美誉恐怕要让狗来独享下去。子嫌母丑的例子也不是没有。我就知道有两个例子，无独有偶。有两位受过所谓"高等教育"的人，家里延见宾客，照例有两位衣服破敝的老妇捧茶出来，主人不予介绍，客人

35 嫌	xián	（动）	厌恶；不满意。
36 贫	pín	（形）	穷。
37 乞丐	qǐgài	（名）	靠向人要饭要钱维持生活的人。beggar
38 拄	zhǔ	（动）	用拐杖等顶住地面支撑身体。
39 杖	zhàng	（名）	拐杖；手杖。
40 钵	bō	（名）	盛饭、水等的器具，形状像盆而较小。
41 求乞	qiúqǐ	（动）	请求人家救济；讨饭。
42 寸步不离	cùn bù bù lí		形容相处和睦，感情深厚。寸步：指极短的距离。

43 跟随	gēnsuí	（动）	跟。
44 残羹剩炙	cán gēng shèng zhì		吃剩下的菜汤和饭食。
45 去处	qùchù	（名）	场所；地方。
46 趋	qū		快走。
47 就	jiù		凑近；靠近。
48 义气	yìqi	（名）	为了朋友而不顾自己的勇气、精神。
49 信赖	xìnlài	（动）	信任并依靠。（信赖——信任——相信）
50 儿歌	érgē	（名）	为儿童创作的、适合儿童唱的歌谣。children's song
51 乌鸦	wūyā	（名）	crow
52 歌词	gēcí	（名）	歌曲中的词句。
53 孝	xiào		尽心供养长辈，听长辈的话。
54 打食	dǎ shí		（鸟兽）到窝外寻找食物。
55 藉	jiè	（动）	同“借”，假托。
56 反哺	fǎnbǔ	（动）	传说乌鸦小的时候，母亲打食喂养它，等小乌鸦长大后，反过来打食喂养母亲。比喻子女长大奉养父母。
57 人性	rénxìng	（名）	人所具有的区别于一般动物的感情和理性。normal human feelings
58 回想	huíxiǎng	（动）	想过去的事。（回想——回忆）
59 心酸	xīnsuān	（形）	心中悲痛；伤心。
60 美誉	měiyù	（名）	赞扬的话；美好的名声。good name; good reputation
61 享	xiǎng	（动）	享受。
62 无独有偶	wú dú yǒu ǒu		虽然罕见，但是不止一个，还有一个可以成对儿（多用于贬义）。
63 延	yán		聘请；邀请。
64 宾客	bīnkè	（名）	客人（总称）。
65 照例	zhàolì	（副）	按照惯例。
66 敝	bì		破烂；破旧。

也就安然受之，以为那个老妪必是佣妇。久之[④]才从侧面打听出来那老妪乃主人之生母。主人嫌其老丑，有失体面，认为见不得人，使之奉茶，废物利用而已。

狗不嫌家贫，并未言过其实。子不嫌母丑，对越来越多的人有变为谬论的可能。

（作者：梁实秋，选自《梁实秋散文选》，有改动）

67 安然	ānrán	（形）	平静；安定。
68 妪	yù		年老的女人。
69 佣妇	yōngfù	（名）	女佣。housemaid; housekeeper
70 侧面	cèmiàn	（名）	旁边的一面（跟“正面”相对）。side; flank
71 乃	nǎi	（副）	文言词，表示判断，相当于“是、就是、实在是”。
72 生母	shēngmǔ	（名）	生身母亲。
73 体面	tǐmiàn	（名）	体统；面子；身份。
74 奉	fèng	（动）	给，献给（多指对上级或长辈）。
75 而已	éryǐ	（助）	罢了。
76 言过其实	yán guò qí shí		说话过分，不符合实际。
77 谬论	miùlùn	（名）	荒唐错误的言论。

① 三百六十行 sānbǎi liùshí háng：各种行业的总称。

② 这山望着那山高 zhè shān wàngzhe nà shān gāo：指对自己现有的处境不满，羡慕别人。

③ 克绍箕裘 kè shào jī qiú：克承父业，即后人能继承父辈的事业。克：能。绍：继承。“箕裘”在此指父业。出自《礼记·学记》：良冶之子，必学为裘；良弓之子，必学为箕。意思是：优秀冶匠的儿子，必须先学习制作皮衣。优秀弓匠的儿子，必须先学习制作簸箕（bòji）。由易到难，由简单到复杂，才能成为优秀的工匠。

④ 久之 jiǔ zhī：经过了很长时间。

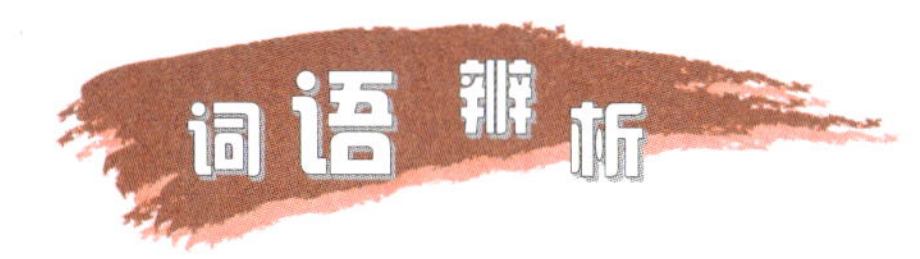

1 完满——完美——完备

【牛刀小试：把“完满”、“完美”和“完备”填入下面的句子中】

1. 那位跳水运动员（　　）的动作赢得了满堂喝彩，裁判员们不约而同地都给了他全场最高分。
2. 吸引李博士转入这个实验室的主要原因是他们的设备不仅（　　），而且先进。
3. 昨天下午，全校运动会（　　）地画上了句号。
4. 小娜的妈妈是一个（　　）主义者，小娜已经习惯被挑剔来挑剔去了。

【答疑解惑】

语义

都有“完整、齐全”的意思。但“完满”着重在圆满，毫无疏漏；“完美”着重在美好，没有缺点，干得非常漂亮；“完备”着重在齐备，该有的都有了。“完美”的褒义色彩比“完满”重，“完备”较中性，主要是客观描述。

（1）他对面试官的提问回答得很完满。

（2）在这个世界上，哪里有完美的人呢？所以我们应当学会包容别人的缺点。

（3）我们大学图书馆收藏的报刊资料相当完备，我们需要的那儿都有。

用法

都是形容词，但“完满”常用于工作、事情、问题等方面；“完美”常用于形象、语言、结构、形式等方面；“完备”常形容具体事物以及法律、手续、条件等抽象事物。

（4）本届奥运会的开幕式在欢快的乐曲声中完满地结束了。

（5）能否做到表现形式很完美，自然要看我们的写作水平怎么样。

（6）由于手续不够完备，海关的工作人员不同意他入境。

2 信赖——信任——相信

【牛刀小试：把“信赖”、“信任”和“相信”填入下面的句子中】

1.（　　）自己的人才能成功。
2. 领导把这项重任交给了你，你可不能辜负了领导的（　　），得好好儿干啊！
3. 蔡大勇骗来骗去，结果完全失去了朋友的（　　）。

4. 没有人（　　）那个骗子所说的一切。

5. 这次的检查结果是可以（　　）的吗？

【答疑解惑】

语义

都有“不怀疑”的意思。但“信赖”侧重在信任并依靠；“信任”侧重在敢于托付、任用；“相信”侧重在认为正确或确实。

（1）他为人诚实，办事认真，大家都很信赖他。

（2）领导非常信任他，重要的工作常交给他去做。

（3）我相信他说的话全是真的。

用法

都是动词，都可用于人和组织。

（4）你应该信赖（信任/相信）他。

（5）出了这个丑闻以后，一般民众都不再信赖（信任/相信）这个党。

但“信赖、相信”还可用于事物，“信任”不可。

（6）他居然不信赖（相信）这些试验数字。

“信赖、信任”一般不用于自己，“相信”可用于别人，也可用于自己。

（7）明天的马拉松比赛我一定能跑到终点，我相信自己。

“信赖、信任”只能带名词性宾语，“相信”可以带非名词性宾语。

（8）我们都相信你能克服困难。

语体

“信赖、信任”多用于书面语，“相信”书面语、口语都常用。

3 回想——回忆

【牛刀小试：把“回想”和“回忆”填入下面的句子中】

1. 你为什么总是让自己生活在（　　）之中呢？为什么不活在现在呢？

2. 拿起梁实秋的书，他不由得（　　）起买书的情景。

3. 最近吃饭的时候，我常常（　　）起小时候跟家人一起吃饭的生活片断。

4. 那次不幸的经历给姐姐留下了痛苦的（　　）。

【答疑解惑】

语义

都有“想过去的事”的意思。但“回想”指一般平常的、较随意地想到过去的事情，语意较轻；“回忆”侧重在“忆”，指有意识地使过去的事重新浮现脑中的思想活动，语意较重。

（1）翻看着相册，我回想起不少往事。

（2）童年在外祖母家度过了一段快乐的日子，那时的很多事情是值得我永远回忆的。

用法

都是动词，但“回忆”还可以做名词，能受“甜蜜”“痛苦”“幸福”等词修饰，能做“引起”“陷入”“留下”“唤起”等动词的宾语。

（3）大海唤起了我甜蜜的回忆。

（4）坐在自己数十年前亲手种植的松树下，老人闭上了眼睛，陷入了回忆。

语言点

1 每一行范围之内一个人只要努力，不愁不能出人头地做到顶尖的位置。

【解释】只要X，（就）不愁Y：有了X这个条件就不用担心Y。“不愁”前面可加“就”，后面一般跟否定词。

【举例】（1）只要你下功夫，（就）不愁学不会。

（2）只要调动起大家的积极性，（就）不愁完不成任务。

（3）只要工资高，工作环境好，（就）不愁没人来应聘。

【链接】只要……，就……：“只要X，不愁Y”中，Y是令人担心的事情，“不愁”后面一般跟否定词；“只要……，就……”无此限制。如“只要他同意，我就去”这句话中就不能用“不愁”。

【练习】用“只要X，（就）不愁Y”完成句子：

（1）______________________________，不愁找不到工作。

（2）______________________________，不愁没有朋友。

（3）______________________________，不愁学不好汉语。

（4）只要“干一行，爱一行”，__________________________。

2 不要一味地“这山望着那山高”。

【解释】一味：副词。意思是“单纯地”，表示不顾客观条件和情况，固执地坚持某种做法而不加以改变。多用于贬义。

【举例】（1）他批评了那些一味守旧的人。

（2）养花不能一味浇水，还得注意施肥、松土、剪枝。

（3）孩子犯了错误，家长不能一味地责备，而应该告诉他们怎样做是对的。

（4）他一味地固执己见，怎么可能得到别人的支持呢？

【练习】用“一味”完成句子：

（1）我们应该有自己的特色，不能________________。

（2）下属有了错误，不能________________。

（3）________________，谁的意见都听不进去。

（4）由于一味追求数量，结果________________。

3 所以说狗不算太聪明，虽然它有那么一分义气。

【解释】分：量词。表示事物或行为的程度的等级或百分比，一分即10%。多用在“一、三、七”等数词或“几”之后。

【举例】七分优点，三分缺点/七分功劳，三分过失/三分像人，七分像鬼/一分耕耘(gēngyún)，一分收获/有一分热，发一分光/几分相似/几分失落/几分尴尬/几分担心/几分欣慰/几分忧愁/几分寂寞/几分挂念

【练习】选用上面的例子完成句子：

（1）________________，不付出代价，哪能成功？

（2）当众出丑，他难免有________________。

（3）那位老人________________，一退休便当起了义务交通管理员。

（4）有毅力，敢于挑战自我，在这几位世界冠军身上，我们看到了________________之处。

（5）人们对这位领导人的评价是：________________。

（6）几个村民在山洞里看到了他，这时他已经在洞里住了七八年了，只见他________________，把那几个村民吓了一跳。

4 有两位受过所谓“高等教育”的人，家里延见宾客，照例有两位衣服破敝的老妇捧茶出来……

【解释】照例：副词，意思是“按照惯例”，即按惯常做法或常情行事。“照例”后的行为即是惯常做法或常情，有时上文交代背景。有时可加“地”。多修饰动词短语。

【举例】（1）十一月下旬的一天，爷爷照例一早起了床，去练太极拳。

（2）又是一个闷热的早晨，小安照例比我早起。

(3) 午饭后，小赵照例睡午觉去了。

(4) 除夕晚上，北方人一般都照例地包饺子。

【练习】用“照例”完成句子：

(1) 今天是星期六，________________。

(2) 下课以后，________________。

(3) 新年的时候，________________。

(4) 考完试以后，________________。

5 照例有两位衣服破敝的老妇捧茶出来，主人不予介绍，客人也就安然受之……

【解释】予：动词，意思是“给”，在第6课已经学习了它的肯定式用法。本课学习否定式“不予”的用法。“不予”的常用搭配有：不予解释、不予考虑、不予通报、不予理睬、不予答复、不予批准等。

【举例】(1) 关于这个问题我们反映了多次，但有关部门不予理睬。

(2) 你们的要求公司根本不予考虑。

【练习】选词填空：

授予　免予　请予　赐予　给予　寄予　准予　不予

(1) 专家们对这部专著（　　）了高度的评价。

(2) 老师对自己的学生（　　）了极大的希望。

(3) 北京大学将（　　）他博士学位。

(4) 我想请假一周，（　　）批准。

(5) 他想见总经理，在门口等了半天，秘书也（　　）通报。

(6) 考虑到这个学生后半学期表现良好，希望学校能（　　）处分。

(7) 幸福不是谁（　　）的，而是自己创造的。

(8) 该生成绩合格，（　　）毕业。

(9) 签证到底能不能批准，大使馆到现在还（　　）答复。

6 主人嫌其老丑，有失体面，认为见不得人……

【解释】不得：用在动词或形容词后面，表示不可以、不能够或不合适。

【举例】(1) 有的不能带宾语：

说不得/去不得/要不得/摸不得/使不得/拿不得/学不得/动弹不得/错不得/马虎不得/哭笑不得/放松不得/凑合不得/糊涂不得/得罪不得

（2）有的可以带宾语：

见不得人/远水救不得近火/来不得半点虚假

【练习】选用上面的词语填空：

（1）他被绑在椅子上，________________。

（2）老虎屁股________________，办公室里谁也不敢批评他。

（3）做实验的时候________________。

（4）这样虐待父母实在________________。

（5）________________，你来也没有用。

（6）这么小的孩子居然会唱这么多爱情歌曲，我们都________________。

综合练习

I 词语练习

一 用画线的字组词

1. 顶尖：（　　）（　　）（　　）（　　）
2. 投身：（　　）（　　）（　　）（　　）
3. 乐趣：（　　）（　　）（　　）（　　）
4. 谬论：（　　）（　　）（　　）（　　）

二 填入合适的名词

顶尖的（　　）　　埋（　　）苦干　　劝勉（　　）

教导（　　）　　拄（　　）　　一分（　　）

信赖（　　）　　失去（　　）　　人之常（　　）

三 填入合适的动词

（　　）岗位　　谆谆（　　）　　（　　）乐趣

（　　）踪迹　　（　　）义气　　（　　）人性

四 填入合适的量词

一（　　）馄饨　　一（　　）义气　　一（　　）乌鸦

五 写出下列词语的近义词或反义词

（一）写出近义词

困苦—— 行当—— 完满——

踪迹—— 信赖—— 回想——

（二）写出反义词

恨意—— 嫌—— 贫——

侧面—— 心酸—— 言过其实——

六 选词填空（每个词只能用一次）

状元　顶尖　用心　无上　教导　敬业　踪迹

丝毫　义气　美誉　安然　体面　谬论

1. 临上场前，教练还谆谆（　　）这些小运动员，要把心理包袱统统放下来，轻松上阵。
2. 在招聘新职员的时候，老板都很看重应聘者是否具有（　　）精神。
3. 那个学生就是今年北京市高考文科（　　）。他的全家甚至学校的老师同学都为他感到（　　）的光荣，但他自己并没有（　　）志得意满的感觉，学海无涯，他知道前边的路还很长很长。
4. 为了孩子得到高分，有的父母费尽心思，真可谓（　　）良苦，但效果又如何呢？
5. 如今，即使是在森林中，也很难发现老虎的（　　）。
6. 上海的轻工业一直保持着国内（　　）水平，其产品一直在全国享有（　　）。
7. 在中国的武侠小说中，一般除了表现侠客的机智、勇敢以外，还特别突出他们讲（　　）的一面，所谓“路见不平，拔刀相助”、“为朋友两肋（lèi）插刀”。他们讲公道、重情义，完全不考虑自己的个人利益。
8. 穿破旧的衣服赴宴是否有失（　　）？
9. 在文中，他驳斥了“人不为己，天诛（zhū）地灭”的（　　），宣扬了“人人为我，我为人人”的思想。
10. 摔坏了腿，你倒很（　　），可把父母急坏了。

信赖　信任　相信　回想　回忆　完满　完美　完备

1. 那段生活给他留下了痛苦的（　　）。
2. 我（　　）他说的话全是真的。
3. 祝贺大家（　　）地完成了各项任务。
4. 我们（　　）他们，像信任自己的良心。

5. 这家新厂设备还不（　　　），无法开工。
6. 他是个值得（　　　）的人，把这些工作交给他，你尽管放心。
7. 这幅画构图十分（　　　）。
8. 去年夏天的那些事情，他现在（　　　）起来，觉得就像做梦一样。

七 解释句子中画线词语的意思

1. 究竟行还是有高低，犹山之有高低。
   A. 竟然　B. 毕竟　C. 追究
2. 究竟行还是有高低，犹山之有高低。
   A. 如同　B. 比喻　C. 相似
3. 有人只看见和尚吃馒头，没看见和尚受戒，遂生羡慕别人之心。
   A. 自然　B. 于是　C. 因为
4. 还会谆谆告诫他的子弟千万别再做这一行。
   A. 学生　B. 儿子　C. 年轻的后辈或同辈
5. 造出“吃一行恨一行”这句话的人，其用心可能是劝勉大家安分守己……
   A. 他（她）　B. 他（她）的　C. 其他
6. 其间没有丝毫恨意。
   A. 一点儿　B. 一部分　C. 很多
7. 乞丐拄着一根杖，提着一个钵，沿门求乞……
   A. 顺着　B. 靠着　C. 敲着
8. ……再听了这句歌词，恐怕没有不心酸的。
   A. 心情烦乱　B. 心里惊慌　C. 心中悲伤
9. 久之才从侧面打听出来那老妪乃主人之生母。
   A. 是　B. 非　C. 当
10. 主人嫌其老丑……
    A. 她　B. 她的　C. 其他
11. 主人嫌其老丑，有失体面……
    A. 丢面子　B. 不漂亮　C. 不合适
12. 认为见不得人，使之奉茶，废物利用而已。
    A. 泡　B. 倒　C. 献

八 选择正确的答案

1. 投身到（　　）一个行当，只好埋头苦干。

A. 各　　B. 所有　　C. 任何

2. 有人只看见和尚吃馒头，没看见和尚受戒，遂（　　）羡慕别人之心。

A. 来　　B. 出　　C. 生

3. 很多知道敬业的人不但自己满足（　　）他的行当，而且教导他的子弟步武他的踪迹……

A. 了　　B. 于　　C. 为

4. 乞丐（　　）着一根杖，提着一个钵……

A. 拄　　B. 挽　　C. 搀

5. 这是（　　）乌鸦反哺来劝孝的歌。

A. 凭　　B. 藉　　C. 因

6. 不过嫌贫爱富恐怕是人之常情，不嫌家贫这份美誉恐怕要让狗来独享（　　）。

A. 起来　　B. 下来　　C. 下去

7. 有两位受过（　　）“高等教育”的人……

A. 所谓　　B. 所属　　C. 所为

九 选择下面的成语填空，并模仿造句

出人头地　　唉声叹气　　安分守己　　无可奈何
寸步不离　　无独有偶　　言过其实

1. 整天无精打采、（　　　）没有用，你得振作起来。
2. 这些报道未免有点儿（　　　），不可全信。
3. 所谓“望子成龙”，意思就是父母希望子女（　　　）。
4. 他们俩一个整天抽烟，一个整天喝酒，真是（　　　）。
5. 姐妹俩感情深厚，（　　　）。
6. 他一辈子（　　　），没想到自己的儿子竟然会去抢银行！
7. 孩子死活不愿意学钢琴，家长也（　　　）。

II 课文理解练习

一 根据课文内容判断正误

读第一部分课文，做下面的题：

1. 在作者看来，行业之间没什么差别。（　　）

2. 作者对自己的职业也不太满意。（　　）
3. “吃一行，恨一行”的人常常唉声叹气。（　　）
4. “这山望着那山高”比喻对自己的处境不满，总是羡慕别人。（　　）

读第二部分课文，做下面的题：

5. 狗是很有义气的动物。（　　）
6. 《乌鸦歌》是一首劝孝的儿歌。（　　）
7. 受过“高等教育”的人不一定懂得做人的道理。（　　）
8. 给客人端茶的老人其实是主人的亲生母亲。（　　）
9. 作者认为让母亲给客人端茶，并且不予介绍是可以理解的。（　　）
10. 作者对人们的伦理道德不抱乐观的态度。（　　）

二 根据课文内容，用指定的词语回答问题或进行讨论

1. “三百六十行，行行出状元”这句俗语是什么意思？
（只要……不愁……　出人头地　顶尖　劝勉　一味地）
2. 作者对“吃一行，恨一行”这句话有什么看法？
（用心　安分守己　道出　无可奈何　其实　乐趣　至少　完满）
3. 作者认为狗是什么样的动物？
（聪明　乞丐　拄　提　沿　寸步不离　跟随　残羹剩炙　分而食之　趋就　不算分　义气）
4. 作者对“子不嫌母丑，狗不嫌家贫”这句俗语有何评价？
（话没有错　不过　嫌贫爱富　恐怕　人之常情　这份美誉　独享）
5. 对“三百六十行，行行出状元”这句俗语，作者有何看法？
6. 你对“子不嫌母丑，狗不嫌家贫”这句俗语有什么看法？

三 思考与表述

1. 什么是“吃一行，恨一行”？在你接触的人中，是“吃一行，恨一行”的人多，还是“吃一行，爱一行”的人多？
2. 怎么样才能让自己“吃一行，爱一行”？
3. 作者在文章中写道：“狗不嫌家贫，并未言过其实。子不嫌母丑，对越来越多的人有变为谬论的可能。”对此你有何看法？
4. 中国的儒家思想十分重视孝道，所谓“百善孝为先”，你对此有何评价？你认为这一点与贵国的文化有什么相似或不同之处？

拾荒的母亲

①谁都知道市场部经理罗小姐的妈妈是一个捡破烂的。公司里几乎所有人都见过她拖着一只沾满污垢（gòu）的白色蛇皮袋沿着街边的垃圾箱翻找可以回收的垃圾。

②我们都困惑，以罗小姐今天的身份和地位，怎么忍心让老人干如此卑贱受苦的活儿。平日里，罗小姐总是板着面孔，不苟（gǒu）言笑，对下属严厉得几乎不近人情。因此，我们都确认是罗小姐不孝顺，自己生活好了就不管老人。甚至，有同事亲眼在街上看见罗小姐对着她母亲发怒，老人被斥得战战兢兢地流着泪。

③我们能原谅一个35岁还待字闺中的老女人性情暴躁怪异，却不能原谅她虐（nuè）待老人，那老人还是自己的母亲。

④罗小姐成了坏女人的代表。

⑤为了惩治这个坏女人，我们决定给她一点儿颜色瞧瞧，也替她母亲出这口恶气。没有人会听从这样一位上司的命令，不管她说什么，我们都当耳边风，在她面前装疯卖傻。有人还把蜘蛛放在她那把舒适的大班椅上，任她怎么惊叫，怎么拿着文件夹又打又跳，都没有人进去帮她。她知道是被人捉弄了，恨恨地关上办公室的门，拉上百叶窗——一个恶毒的女人只配和一只蜘蛛在一起。

⑥这是告诉她什么叫众怒难犯。难不成她会把全市场部的人都炒了？她还背不起害公司停止运作的罪名。

⑦突然有一天，坏女人向公司请了一个月的假。我们都觉得她是怕了我们，或是知道自己没有办法领导好下属而准备引咎辞职。

⑧公司里少了坏女人，连空气都豁（huò）然清朗起来。

⑨一个星期六，我因为一些小感冒去找我那位当医生的好友。在医院的走廊里，我看到坏女人斜靠在单人病房的椅子上，闭着眼，头发凌乱。

⑩我问医生朋友，她来做什么——我曾在他面前痛斥我有位不良上

司，所以他对这个坏女人也略有所闻。

⑪“就是她呀？她母亲上个星期发生车祸，现在还昏迷不醒。”

⑫都是坏女人置老人于不顾的后果！我马上又痛恨起她来。

⑬朋友却又告诉我，她从她母亲被送进医院那一天起，天天都陪在医院里没离开过。

⑭“现在才来做孝女，平常怎么不对老人好一点儿？”

⑮又经过那间病房时，我决定去看看老人。

⑯坏女人见了我，连忙理了理两鬓的碎发，脸上露出一星儿笑。我从来没有见过她这个样子：不修边幅，面容憔悴，根本看不到往日里的孤清和高傲。我已经从朋友那儿了解了老人的病情，所以没有再问。

⑰坏女人削了个苹果，递给我。我没有接，却问：“就你一个人在这儿？”她点点头，又放下苹果。我又问：“你没有其他亲人了？”

⑱坏女人告诉我，她父亲在她念大学的时候去世了，是她母亲含辛茹苦供她念书。大学毕业后，她来到这个城市工作，然后，才从家乡把母亲接来。

⑲“我知道你们都很讨厌我。”她继续说。

⑳我听到了一个动人的爱情故事，是她母亲的。

㉑罗小姐出生在一个很偏远的小山村里，父母亲都没念过几天书。直到罗小姐小学毕业，父母亲觉得不能让女儿像自己一样一辈子困在这穷乡僻壤里，于是把家里的地和房子都卖了，凑了点钱把女儿送到城里念书。

㉒父母亲没有多少见识，找不到工作，于是背着女儿靠拾垃圾过日子。那时罗小姐一直住在学校里，她一直以为父母亲在别的地方工作，只是星期天才来学校看看她，塞给她一些生活费。

㉓一直到她考上大学，突然接到她母亲打来的电话，说父亲躺在医院里，想要见她。她才得知这一切——她这几年的学费竟然都是父母亲起早贪黑地拾破烂得来的。

㉔父亲走了，罗小姐随母亲到他们一直居住的地方，那只是一个小搭棚，冬天过风，夏天闷气。父亲就是在这种环境下病倒的。

㉕罗小姐坚决不让母亲再逗留在这种恶劣的地方，她为母亲租了一间小屋，自己四处找兼职解决她及母亲的生活费，一再叮嘱母亲不能再拾

破烂。

㉖ 如今，母亲是盼来了女儿的好日子，却越来越思念丈夫，想着他辛辛苦苦了一辈子，却等不到女儿出头之日。日子过得越好，思念就越深。她怀念与丈夫餐风宿雨的日子，虽然苦，却苦得有滋味，苦得心甘情愿。

㉗ 所以，母亲重新背起蛇皮袋，一路拾荒，一路回忆与父亲相依为命的日子。罗小姐也曾坚决不让母亲这样做，可母亲含着泪说："我是享到福了，可是这一切都没有你父亲的气味，甚至连一张照片都没有留下。我怕越老越糊涂，怕哪天老得忘了你父亲的样子。而在街上，我每捡起一张纸，一个汽水罐，就会想起你父亲在身后用蛇皮袋子接着。这一天里，我们从不分开，拾满了，就回去，拾不满，就继续走。"母亲答应她，她并不是真的要靠拾荒过日子，拾到的东西，她把它们都送给了别的拾荒者。

㉘ 罗小姐也不忍心再阻止母亲了。

㉙ 罗小姐哭了，她也许没有想到自己会在下属面前掉眼泪，还说了这么一些话，可她憋（biē）得太久了，也憋得太难受了。

㉚ 我也哭了，一半是因为听到了一个如此感人的故事，一半是因为内疚。我们曾那样自以为是地认为她是一个坏女人，还千方百计地想着如何伤害她。

㉛ 我没经罗小姐同意就把真相告诉了同事。

㉜ 我们只能靠在工作上的合作来弥补以前的过错，凡事多做一点，让她能多有一些时间来照顾她的母亲，和她自己的春天。

（作者：苏梅华，选自《青年时代》，有改动）

一 根据文章内容选择正确答案

读第①—⑧段，做下面的题：

1. 罗小姐的母亲是干什么的？

A. 拾破烂的　　　　B. 公司的清洁工

C. 回收站的职工

2. 公司里的人认为罗小姐是坏女人，主要是因为她：

A. 性格古怪，没人愿意娶她　　B. 对下属极为严厉

C. 对母亲不孝顺

3. “给她一点颜色瞧瞧”的意思是：

A. 惩治她　　B. 安慰她

C. 拿她开心

4. 罗小姐被人捉弄后是什么反应？

A. 马上离开了办公室　　B. 一个人待在办公室里

C. 让人把蜘蛛拿走了

读第⑨—㉜段，做下面的题：

5. 罗小姐为什么请了一个月的假？

A. 想度假　　B. 打算辞职

C. 照顾病人

6. 罗小姐离开了山村，是因为：

A. 父母要到城里干活　　B. 她考上了大学

C. 父母希望改变她的命运

7. 罗小姐的母亲之所以继续捡破烂，是因为：

A. 不愿享福　　B. 不愿忘记丈夫

C. 想帮助别的拾荒者

8. 同事们了解罗小姐家的情况以后：

A. 忍不住掉下了眼泪　　B. 改变了工作态度

C. 都想帮助罗小姐的母亲

二 谈一谈

1. 你认为罗小姐是一个什么样的人？
2. 罗小姐的父母为了孩子，改变了自己的生活。你的周围有没有这样的父母？你如何看待这样的选择？
3. 罗小姐的母亲为什么要继续捡破烂？如果她现在就在你的面前，你会如何劝导这位老人？
4. 罗小姐的同事对她的态度前后有何不同？在什么情况下改变了态度？
5. 跟罗小姐的同事一样，我们总在自觉不自觉地评价着周围的人，在评价别人时，我们应当注意什么？

9 人生就是与困境周旋

课前思考

1. 人的一生会遇到各种各样的困难。你在生活中曾经遇到过什么样的困难？其中最大的困难是什么？你是怎么克服的？
2. 本文的作者史铁生是一位残疾人，同时也是中国当代著名作家。他所遇到的“困境”比正常人更多。你跟残疾人相处过吗？你认为作为一个正常人，应该怎样看待和对待身体有残疾的人？
3. 作者说：“友谊、爱，以及敞开自己的心灵，是最好的医药。”你是怎么理解这句话的深刻含义的？

课文

第一部分

困境不可能被消灭

同是生活在这个世界上，谁的生活中都难免有些艰难，谁心里都难免有些苦恼和困惑。甚至可以这样说，艰难和困惑就是生命本身，这是与生俱来的，甚至终生不能消灭的，否则人生岂不就太简单了？

设想一下，要是有一天生活中的困难都被消灭干净了，人生实在也就没什么意思了；就像下棋，什么困阻都没有你还下的什么劲儿①？内心世界比外部世界要复杂得多，认识内心世界比认识外部世界要困难得多。心理的问题浩瀚无边，别指望一蹴而就即可解决所有我们心里的迷惑。那么指望什么呢？我想，人们能够坐在一起敞开心扉，坦诚地说一说我们的困惑，大胆地看一看平时不敢触动的某些心灵的角落，这就是最好的办法。心里的困惑存在一天，这办法就不会过时。就是说，一切具体的心理治疗方法，都要由这样的开端来引出。自我封闭是心理治疗的最大障碍。

与人交流达到新境界

困境不可能没有，艰难不可能彻底消灭，但是人与人之间的交流、沟通、宣泄与倾听，却可能使人获得一种新的生活态度，或说达到一种新境界。什么新境界？我先讲个童话，《小号手的故事》。战争结束了，有个年轻号手最后离开战场回家。他日夜思念着的未婚妻已同别人结婚，因为家乡早已流传着他战死沙场的消息。年轻号手痛苦之极，便离开家乡，四处漂泊。孤独的路上，陪伴他的只有那把小号，他便吹响小号，号声凄婉悲凉。有一

1 困境	kùnjìng	（名）	困难的处境。
2 周旋	zhōuxuán	（动）	应付；较量。
3 难免	nánmiǎn	（形）	不容易避免。
4 苦恼	kǔnǎo	（形）	痛苦烦恼。

5 困惑	kùnhuò	（形）	感到不解，不知道该怎么办。
6 与生俱来	yǔ shēng jù lái		从生下来就有；天生。
7 岂	qǐ	（副）	表示反问，难道。
8 困阻	kùnzǔ	（名）	困难和阻碍。
9 内心世界	nèixīn shìjiè		指心里头。
10 浩瀚无边	hàohàn wúbiān		形容广大或繁多。
11 指望	zhǐwàng	（动）	期待，盼望。
12 一蹴而就	yí cù ér jiù		踏一步就成功。形容事情很容易，一下子就能完成。
13 敞开	chǎngkāi	（动）	大开；打开。
14 心扉	xīnfēi	（名）	指人的内心。
15 坦诚	tǎnchéng	（形）	坦率诚恳。（坦诚——坦然）
16 触动	chùdòng	（动）	因某种刺激而引起（感情变化、回忆等）。
17 心灵	xīnlíng	（名）	指内心、精神、思想等。heart; soul; spirit
18 过时	guòshí	（形）	过去流行现在已经不流行。
19 开端	kāiduān	（名）	起头，开头。
20 封闭	fēngbì	（动）	严密盖住、关住或堵住等，使不能通行或随便打开。
21 障碍	zhàng'ài	（名）	阻挡前进的东西。obstacle; obstruction; barrier
22 境界	jìngjiè	（名）	事物达到的程度或表现出来的情况。
23 宣泄	xuānxiè	（动）	把心中的烦恼尽情表达出来。
24 倾听	qīngtīng	（动）	细心地听取。
25 小号手	xiǎohàoshǒu	（名）	吹小号的人。小号：trumpet。
26 未婚妻	wèihūnqī	（名）	已与某男子订婚尚未结婚的女子，是该男子的未婚妻。
27 沙场	shāchǎng	（名）	指战场。
28 漂泊	piāobó	（动）	比喻流落在外，四处流浪。（漂泊——漂流）
29 孤独	gūdú	（形）	独自一个人；孤单。（孤独——孤单）
30 陪伴	péibàn	（动）	随同做伴。
31 凄婉	qīwǎn	（形）	（声音）悲伤而婉转。
32 悲凉	bēiliáng	（形）	悲哀凄凉。

天，他走到一个国家，国王听见了他的号声，叫人把他唤来，问，你的号声为什么这样哀伤？号手便把自己的故事讲给国王听。国王听了非常同情……看到这儿我就要放下了，心说又是个老掉牙的故事，接下来无非是国王很喜欢这个年轻号手，而且看他才智不俗，就把女儿嫁给了他，最后呢，肯定是他与公主白头偕老，过着幸福的生活。

可是我猜错了，这个故事不同凡响的地方就在于它的结尾。这个国王不落俗套，他下了一道命令，请全国的人都来听这号手讲他自己的身世，让所有的人都来听那号手的哀伤。日复一日，年轻人不断地讲，人们不断地听，只要那号声一响，人们便围拢他，默默地听。这样，不知从什么时候开始，他的号声已经不再那么低沉、凄凉了。又不知从什么时候起，那号声变得欢快、嘹亮，变得生气勃勃了。

所谓新境界，我想至少有两方面。一是认识了爱的重要；二是困境不可能没有，最终能够抵挡它的是人间的爱意。什么爱意呢？是那个国王把自己的女儿嫁给小号手呢，还是告诉他，困境是永恒的，只有镇静地面对它？应该说都是，但前一种是暂时的输血，后一种是帮你恢复起自己的造血能力。后者是根本的救助，它不求一时的快慰和满足，也不相信因为好运降临从此困境就不会再找到你，它是说：困境来了，大家跟你在一起，但谁也不能让困境消灭，每个人必须自己鼓起勇气，镇静地面对它。

第二部分

我敬重我的病

有一回，有个记者问我：你对你的病是什么态度？我想了半天也找不出一个恰当的词，好像说什么也不对，说什么也没用；最后我说：是敬重。这决不是说我多么喜欢它，但是你说什么呢？讨厌它吗？恨它吗？求求它快滚蛋？一点用也没有，除了自讨没趣，就是自寻烦恼。但你要是敬重它，把它看做是一个强大的对手，是命运对你的锤炼，就像是个九段[②]高手点名要跟

33 哀伤	āishāng	（形）	悲伤。
34 老掉牙	lǎodiàoyá	（形）	形容事物、言论等陈旧过时。
35 无非	wúfēi	（副）	只，不外乎。
36 才智	cáizhì	（名）	才能和智慧。

37	俗	sú	（形）	庸俗。
38	白头偕老	bái tóu xié lǎo		夫妻共同生活到老。
39	不同凡响	bù tóng fán xiǎng		形容事物（多指文艺作品等）不平凡。
40	结尾	jiéwěi	（名）	结束的阶段。ending; winding-up stage
41	不落俗套	bú luò sú tào		（多指文章或艺术等）有独创风格，与众不同。
42	身世	shēnshì	（名）	指人生的经历、遭遇（多指不幸的）。
43	日复一日	rì fù yí rì		一天又一天。
44	围拢	wéilǒng	（动）	从四周向某个地方聚拢。
45	默默	mòmò	（副）	不说话；不出声。
46	低沉	dīchén	（形）	（声音）低。
47	凄凉	qīliáng	（形）	寂寞冷落（多形容环境或景物，也指内心）。
48	欢快	huānkuài	（形）	欢乐轻快。
49	嘹亮	liáoliàng	（形）	（声音）清晰响亮。
50	生气勃勃	shēngqì bóbó		形容充满活力。
51	最终	zuìzhōng	（副）	最后。（最终——最后）
52	抵挡	dǐdǎng	（动）	挡住压力；抵抗。
53	永恒	yǒnghéng	（形）	永远不变。（永恒——永远）
54	输血	shū xuè		把健康人的血液或血液的组成部分用一定的装置输送到病人体内。比喻从外部给予财力、物力、人力等方面的帮助。
55	后者	hòuzhě	（名）	指前面提到的两件事或两个人中的后一件或后一个。
56	救助	jiùzhù	（动）	拯救和援助。
57	快慰	kuàiwèi	（形）	痛快而感到安慰；欣慰。
58	降临	jiànglín	（动）	来到。
59	敬重	jìngzhòng	（动）	恭敬尊重。
60	滚蛋	gǔn dàn		离开；走开（斥责或骂人的话）。
61	没趣	méiqù	（形）	没有面子；难堪。
62	对手	duìshǒu	（名）	竞赛的对方，多指本领、水平不相上下的。
63	锤炼	chuíliàn	（动）	磨炼。
64	高手	gāoshǒu	（名）	技能特别高明的人。
65	点名	diǎn míng		指出具体的人名。

你下一盘棋，这虽然有点无可奈何的味道，但你却能**从中**获益，从中增添智慧，比如说逼着你把生命的意义看得明白。一边是自寻烦恼，一边是增添智慧，选择什么不是明摆着的吗？

所以，对困境先要对它说“是”，接纳它，然后试试跟它周旋，输了也是赢。再比如说死亡，你一听见它就着急、生气、发慌，它肯定就会以更加狰狞的面目来找你了；你要是镇静地看它呢，它其实也平常。死，什么样儿？就像你没出生时那样儿呗。死，不过是在你活着的时候吓唬吓唬你，谁想它想得发抖了，谁就输了；谁想它想得坦然镇定了，谁就赢了。当然不能骗自己，其实这件事你想骗也骗不了。但要是你先就对它说“不”，固执地对它说“不”，它就不能伤害你了。其实所有的困境，包括死，都是借助你自己的这种恐慌来伤害你的。

爱需要自己去建立

千万别把自己封闭起来，你要强行使自己走出去，不光是身体走出屋子去，思想和心情也要走出去，走出一种牛角尖去，然后你肯定会发现别有洞天。我写过，地狱和天堂都在人间，地狱和天堂是人对生命，以及对他人的不同态度罢了。友谊、爱，以及敞开自己的心灵，是最好的医药。

但是，爱，或者友谊，不是一种熟食，买回来切切就能下酒了；爱和友谊，要你去建立，要你亲身投入进去，在你付出的同时你得到，而且你必定已经改换了一种心情，有了一种新的生活态度。

其实，人这一生能得到什么呢？只有过程，只有注满在这个过程中的心情。所以，一定要注满好心情。你要是逃避困境——但困境可并不躲开你，你要是封闭自己，你要总是整天看什么都不顺眼，你要是不在爱和友谊之中，而是在愁恨**交加**之中，你想你能有什么好心情呢？其实，爱、友谊、快乐，都是一种智慧。

（作者：史铁生，选自《北京青年报》，有删节）

66 从中	cóngzhōng	（副）	在其间；在其中。
67 获益	huò yì		得到好处。
68 增添	zēngtiān	（动）	添加；加多。

69 明摆着	míngbǎizhe	（动）	明显地摆在眼前，容易看得清楚。
70 接纳	jiēnà	（动）	接受。
71 发慌	fā huāng		因害怕、着急或虚弱而心神不定。
72 狰狞	zhēngníng	（形）	（面目）凶恶。
73 面目	miànmù	（名）	相貌。
74 呗	bei	（助）	表示事实或道理明显，容易了解。也指勉强同意。
75 吓唬	xiàhu	（动）	使害怕。
76 坦然	tǎnrán	（形）	形容心里平静，没有担心、紧张或害怕。
77 借助	jièzhù	（动）	靠别的人或事物的帮助。
78 恐慌	kǒnghuāng	（形）	因担忧、害怕而紧张不安。（恐慌——惊慌）（恐慌——恐怖）
79 伤害	shānghài	（动）	使身体组织或思想感情等受到损害。
80 强行	qiángxíng	（副）	用强制的方式进行。（强行——强制）
81 牛角尖	niújiǎojiān	（名）	比喻无法解决的问题或不值得研究的小问题。
82 别有洞天	bié yǒu dòngtiān		另有一种境界，形容景物等非常吸引人。
83 地狱	dìyù	（名）	某些宗教指人死后灵魂受苦的地方。hell；inferno
84 天堂	tiāntáng	（名）	某些宗教指人死后灵魂居住的永享幸福的地方。paradise；heaven
85 他人	tārén	（代）	别人。
86 医药	yīyào	（名）	医疗和药品。
87 熟食	shúshí	（名）	经过加工做熟的食品，特指做熟以备日后食用的肉食。
88 下酒	xià jiǔ		就着菜把酒喝下去。
89 付出	fùchū	（动）	交出（钱款、代价等）。
90 改换	gǎihuàn	（动）	改掉原来的，换成另外的。
91 注	zhù	（动）	以细而连续的水流灌。
92 逃避	táobì	（动）	躲开不愿意或不敢接触的事物。
93 整天	zhěngtiān		从早到晚，完整的一天。
94 顺眼	shùnyǎn	（形）	看着舒服。
95 交加	jiāojiā	（动）	（两种事物）同时出现或同时加在一个人身上。

① 下的什么劲儿 xià de shénme jìnr：意思是"没有下的必要"。"动词+的什么劲儿"这是一个反问句，是一种口语的表达方式。如"写的什么劲儿、说的什么劲儿、问的什么劲儿"等。"的"也可以说成"个"，如"跑个什么劲儿、打扫个什么劲儿、练习个什么劲儿"。

② 九段 jiǔ duàn：指围棋棋手的最高段位。段位是根据围棋棋手的技能划分的等级，共分九段，段位越高，棋艺水平要求越高。

词语辨析

1 坦诚——坦然

【牛刀小试：把"坦诚"和"坦然"填入下面的句子中】

1. 对待朋友，王杰总是十分（　　）。
2. 面对诬陷，张局长（　　）无惧。
3. 做了这么多坏事，他居然还能有如此（　　）的神情，真让人吃惊。
4. 谈判双方进行了（　　）的交流。

【答疑解惑】

语义

都是褒义词，都有"心里坦白、平静"的意思。

（1）是真的朋友，有什么问题就该坦诚（坦然）相告，不该有意隐瞒。

（2）他把自己的想法坦诚（坦然）地说了出来，得到了大家的理解。

但这两个词所修饰的对象有所区别。"坦诚"常常用于人与人之间的关系和人的品德，而"坦然"则常常用来形容人的表情和心境。

（3）他对待朋友非常坦诚，朋友们也都很信任他。

（4）我很愿意跟她打交道，因为她为人坦诚，性格热情。

（5）他说这句话的时候，神情坦然，一看就知道是发自内心的。

（6）老王一辈子做人光明磊落，到了老年还是心境坦然。

用法

都是形容词，但“坦诚”不能重叠，而“坦然”可以重叠为“坦坦然然”。

2 漂泊——漂流

【牛刀小试：把“漂泊”和“漂流”填入下面的句子中】

1. 弟弟梦想着有一天能在长江上（　　）。
2. 小宋飞自从离家出走以后，就四处（　　），居无定所。
3. 老人大半辈子（　　）异乡，心里却从未忘记故乡。
4. 那条小船顺水（　　）而下，一直到了南京。

【答疑解惑】

语义

都有“生活不定，四处奔波流浪和在水上漂动”的意思。

（1）他们的渔船在茫茫大海上漂泊（漂流）了三天，终于得救了。

（2）由于战争的缘故，老李一家在异乡漂泊（漂流）了好多年。

但这两个词在词义的侧重点上有所不同。“漂泊”侧重表现因生活所迫而四处奔走；“漂流”侧重表现随着水流方向漂动，有时还专指顺着江河而下的探险。

（3）他虽然一直漂泊在海外，但心里却一直挂念着自己的祖国和家乡。

（4）轮船泄漏出来的石油随着波浪漂流，污染了周围的海面。

（5）这条河流动在山谷之间，到处都是急流险滩，探险家们打算坐橡皮筏子在这里进行漂流冒险。

用法

都是动词，而且在一般情况下都不能重叠。但“漂泊”可以直接跟表示处所的词语，“漂流”不能。

（6）由于生活所迫，爷爷早年漂泊异乡，过着辛苦的打工生活。

3 孤独——孤单

【牛刀小试：把“孤独”和“孤单”填入下面的句子中】

1. 虽然生活在一个大家庭里，可是小文依然摆脱不了（　　）的感觉。
2. 因为力量（　　），老赵最终不敌对手，失败了。
3. 小米一个人踏上了（　　）的旅程，可是，她每天都给家人朋友打电话，所以心里并不觉得（　　）。

【答疑解惑】

语义

都有“单独一个人，没有依靠”的意思。但词义的侧重点不同。“孤独”侧重于心理感受，表示与他人缺少感情上的联系和沟通；“孤单”侧重于客观上的状况，表示孤身一人，没有同伴或依靠。试比较：

（1）他没有亲人和朋友，一个人孤独（孤单）地生活在这里。

（2）在空巢家庭中，孩子们都长大成人，远走高飞了，老两口儿会有很孤独（孤单）的感觉。

另外，“孤单”还有“力量单薄”的意思，“孤独”没有这个意思。

（3）我们队只有一个专业运动员，力量孤单，很难战胜强大的对手。

用法

都是形容词，“孤单”可以重叠成“孤单单”和“孤孤单单”，“孤独”不能。

（4）这只小猫孤孤单单的，多可怜呀，你再给它找个伴儿吧。

4 最终——最后

【牛刀小试：把“最终”和“最后”填入下面的句子中】

1. 姐姐的名字出现在了（　　）确认名单上。

2. 在这份名单的（　　）一页，姐姐找到了自己的名字。

3. 这次比赛，爷爷（　　）一个到达终点。

4. 安全部门公布了这次事故的（　　）调查报告。

【答疑解惑】

语义

都是指时间上晚，或顺序上在后面。但因为它们用法上的差别，下面两句中的“最终”和“最后”不能互换。

（1）他的最终目的达到了。

（2）这段话最后一行有一个语法错误。

用法

词性：都是名词，但搭配对象稍有不同。“最后”可以直接做宾语，也可以直接跟“数量词+名词”；而“最终”则常常直接修饰名词，也可以在句子中做副词用。

（3）我们公司的最终目标是使我们的产品打入国际市场。

（4）虽然在登山的过程中他们遇到了各种各样难以想象的艰难险阻，但最终还是取得了胜利。

(5) 他从小就长得很高，在班里老是坐在最后一排。

(6) 谁坚持到最后，谁就是胜利者。

(7) 我的最后一个问题是，在我们的地球上到底有没有外星人？

5 永恒——永远

【牛刀小试：把“永恒”和“永远”填入下面的句子中】

1. 在大自然中，艺术家们总能发现（　　）的美。
2. 在孩子的眼里，妈妈（　　）是美丽的。
3. 古往今来，人们一直在努力寻找（　　）的精神家园。
4. 人们（　　）不会放弃对爱的追求。

【答疑解惑】

语义

都表示时间长久，没有尽头。

(1) 妈妈虽然已经离开了我，但我永远也忘不了她。

(2) 我相信这个世界上有永恒的爱情。

用法

词性：“永恒”是形容词，永恒强调对事物的描写，常做被描写事物的定语。“永远”是副词，强调对动词的限制，说明。

(3) 在这个世界上，永恒的生命是不存在的。

(4) 地球永远不会停止转动，人类也会永远繁衍下去。

搭配：“永远”可以重叠为“永远永远”，“永恒”不能。

(5) 让我们永远永远在一起，一辈子不分离。

语体

“永恒”多用于书面语，“永远”则书面语、口语都常用。

6 恐慌——惊慌

【牛刀小试：把“恐慌”和“惊慌”填入下面的句子中】

1. 房子突然震动了一下！屋子里的人全都流露出（　　）的表情。
2. 地震发生时，不要（　　），要镇定地想办法应对。
3. 石油价格迅速上涨是否会产生经济（　　）？
4. 故意在人群中制造（　　）是很可恶的。

【答疑解惑】

语义

都有“紧张不安”的意思。但词义的侧重点不同。“恐慌”侧重于表示因为害怕而慌张，“惊慌”侧重于表示因为受到惊吓而慌张。“恐慌”的语义程度比“惊慌”重。试比较：

（1）在树林里看到一条蛇，他的脸上流露出恐慌（惊慌）的表情。

（2）房子着火了，人们纷纷恐慌（惊慌）地往外面跑。

用法

都是形容词，但“恐慌”还有名词的用法，“惊慌”没有。

（3）不断传播的谣言在市民中引起了恐慌。

（4）警察赶来排除了炸弹，但没有告诉周围的居民，以免产生恐慌。

（5）在近代历史上，曾经多次发生经济恐慌。

7 恐慌——恐怖

【牛刀小试：把“恐慌”和“恐怖”填入下面的句子中】

1. 我晚上看了一场（　　）电影，结果做了一个噩梦，被吓醒了。

2. 那些（　　）分子在世界各地大搞（　　）活动，引起了人们的（　　）。

【答疑解惑】

语义

都有“紧张害怕”的意思。但“恐慌”形容因危险而引起的害怕，语义较轻；“恐怖”形容由于生命受到威胁而引起的害怕，语义较重。

（1）一个青面獠牙的妖怪站了起来，她恐慌（恐怖）地尖叫起来。

“恐慌”主要形容人的心理、表情；而“恐怖”除此之外，还可以形容令人害怕的环境等客观事物。

（2）这部电影的画面非常恐怖，看完以后我连觉都睡不着了。

（3）每一个见过这种恐怖场面的人心情都很难平静下来。

用法

都是形容词，都不能重叠。

搭配：“恐怖”还能构成“恐怖主义”、“恐怖分子”、“恐怖活动”、“恐怖袭击”、“恐怖事件”、“恐怖电影”、“恐怖小说”等短语，而“恐慌”不能。

8 强行——强制

【牛刀小试：把“强行”和“强制”填入下面的句子中】

1. 几个偷渡者试图（　　）通过国境。
2. 一些父母（　　）孩子学乐器，结果导致孩子痛恨乐器。
3. 最后，他被人（　　）送入了精神病院。
4. 据中央电视台消息，塑料购物袋国家强制性标准于2008年5月1日正式发布，标准从2008年6月1日起将（　　）执行。

【答疑解惑】

语义

a. 都有“使用强力做某事”的意思，有时可以互换。如：

（1）那里的违章建筑被强行（强制）拆除了。

b. “强行”一般是主语所代表的人发出的动作，而“强制”的对象则是主语以外的人。下面句子中的“强行”和“强制”不能互换。

（2）没有经过有关人员的同意，你们不能强行上车。

（3）法院宣判后，他拒不执行法院的判决，结果被法院强制执行。

（4）他已经失去了参赛资格，但他还是强行参加了这次比赛。

（5）他强制女儿参加了这次比赛。

用法

词性：“强行”是副词，“强制”是动词。“强制”多指用政治、法律、经济、权势等力量强迫对方做某事，实施动作的常常是国家、政府、组织、地位高的人等。而“强行”没有这个限制。

（6）政府决定在全国强制实施环境保护法。

（7）父母应该引导孩子，而不要强制孩子做他不愿意做的事情。

（8）几个歹徒妄图强行通过关卡，但还是被警察拦住了。

语言点

1 同是生活在这个世界上，谁的生活中都难免有些艰难，……

【解释】难免：形容词，意思是“不容易避免”。主要用在动词之前，也常说“是难免的”、“在所难免”；修饰名词必须加“的”。

【举例】（1）考试的时候粗心大意，就难免会出现错误。

（2）犯错误是难免的，关键是发现犯错误以后要及时改正。

（3）身体的衰老在所难免，这是自然规律，任何人都难以抗拒。

（4）在治疗的过程中病情出现反复，这是难免的事情，坚持下去就会见效。

【链接1】未免：副词，表示对某种情况不以为然，侧重在评价；口气比较委婉，常跟“有点儿、有些、太、过于”等词语搭配。

【举例】（5）这篇文章内容不错，只是对于我们的报纸来说，篇幅未免太长了。

（6）因为写错一个字你就这样当众批评他，未免有点小题大做了。

【链接2】不免：副词，免不了，表示由于某种原因而导致并非理想的结果。多用于后一小句，只修饰肯定形式的多音节动词、形容词。

【举例】（7）今年我买了电脑和汽车，花了很多钱，手头不免有些紧张。

（8）屋子太小了，大家住在一起不免会互相干扰。

【练习】用“难免”、“未免”、“不免”改写或完成句子和对话：

（1）这个世界上没有十全十美的人，每个人都会有缺点。

（2）A：最近我和我的好朋友吵架了，心情很不好，觉得生活没有意思。

B：＿＿＿＿＿＿＿＿＿＿＿＿＿＿＿＿＿＿＿＿。

（3）别人都在排队，你却加塞儿，＿＿＿＿＿＿＿＿＿＿＿＿。

（4）我对中国的书法特别感兴趣，每次看到好的作品，＿＿＿＿＿＿＿＿。

2 否则人生岂不就太简单了？

【解释】岂：副词，难道；哪；怎么。多用于书面语。用在带有反问语气的肯定句中，常与“可、能、敢、是”等词连用，表示否定；用在带有反问语气的否定句中，常与“不、非、不是”等词连用，表示肯定。

【举例】（1）对我来说，信誉像生命一样重要。做人岂可失信于人？

（2）环境被破坏了，需要很长时间才能恢复，岂是十天半月就能解决的？

（3）这样做岂不是更好？

（4）英语没有学好还想去考博士，岂非白日做梦？

【练习】用“岂”改写或完成句子和对话：

（1）我已经学了两年汉语，并且达到了一定的水平，怎么能轻易放弃呢？

（2）他既是我的老师，又是我的长辈，＿＿＿＿＿＿＿＿＿＿＿＿。

（3）要是为了发展经济而破坏了环境，＿＿＿＿＿＿＿＿＿＿＿＿。

（4）A：最近我的电脑老是被黑客侵入，搞得乱七八糟，气死我了。我打算以后再也不上网了。

B：____。

3 年轻号手痛苦之极，……

【解释】形容词＋之极：表示程度很深。

【举例】（1）这场时装表演中的模特漂亮之极，让人大过眼瘾。

（2）我小时候住过的那个村庄偏僻之极，连汽车都不通。

（3）狗是一种聪明之极的动物，是人类的好朋友、好帮手。

【练习】用“形容词＋之极”改写或完成句子和对话：

（1）这个假期我又旅游，又读书，又逛街，又休息，过得非常愉快。

（2）我曾经去过他们家，________________________________。

（3）A：你老家的自然风景怎么样？有什么特色吗？

B：____。

（4）A：你知道在这个城市里，什么地方的东西又便宜又好？

B：____。

4 接下来无非是国王很喜欢这个年轻号手，……

【解释】无非：副词。表示不会超出说话人设定的范围，相当于“只不过、不外乎”。多指把事情往小里说或轻里说。

【举例】（1）我说这些话，无非是想提醒你一下，没有别的意思。

（2）她所谓的幸福无非是吃好玩好罢了。

（3）男人们在一起，无非谈些运动、饮食之类的内容。

（4）我对这个节目没什么兴趣，每次无非请几个明星一起做做游戏、开开玩笑而已。

【练习】用“无非”完成句子：

（1）学外语的困难，__________________________。

（2）提起北京的名胜古迹，一般人想到的__________________，其实，北京好玩儿的地方多着呢。

（3）刚到中国的那段时间，由于语言不通，他每天吃的中国菜__________。

（4）每次跟____________通电话，内容都差不多，____________。

（5）这两套房子差不多，__________________________，为什么租金差别这么大？

5 这虽然有点无可奈何的味道，但你却能从中获益，从中增添智慧，……

【解释】从中：副词，在其间，在其中。

【举例】（1）他擅自挪用公款去做自己的生意，从中谋取暴利。

（2）上次谈恋爱失败后，他从中吸取了教训，这次就有经验多了。

（3）要学好一个国家的语言，必须了解那个国家的文化，因为我们可以从中知道很多事情的来龙去脉。

【练习】用“从中”改写或完成句子和对话：

（1）两家公司因为生意发生了一些纠纷，律师在其中进行调解后，问题解决了。

（2）我给你推荐一本非常有意思的书，________________。

（3）小李上的是师范大学，在毕业之前，他参加了三个月的中学教学实习，________________。

（4）A：他们俩恋爱好几年了，感情很深，怎么会突然分手呢？

B：________________________________。

6 你要是不在爱和友谊之中，而是在愁恨交加之中，你想你能有什么好心情呢？

【解释】交加：动词，是指两种事物同时出现或同时加在一个人身上。多用于书面语。如：风雪交加/风雨交加/雷电交加/贫困交加/悲喜交加/喜忧交加/爱恨交加/贫病交加/惊喜交加等。

【举例】（1）窗外风雨交加，小王一杯清茶一本书，悠然自得地享受着这雨中的周末。

（2）他原来是个百万富翁，自从开始吸毒以后，很快就把财富耗尽了，最后在贫病交加之中离开了这个世界。

（3）得知自己中了大奖，老李惊喜交加，半天都不敢相信这是真的。

【练习】用上面所举的例子改写或完成句子和对话：

（1）那天晚上又打雷又闪电的，声音特别大，把家里的小狗吓得够呛。

（2）他现在的处境不太好，________________。

（3）A：你现在想起以前的男（女）朋友是什么感觉？

B：________________________________。

（4）A：在你的人生当中，什么事情是让你最难忘的？

B：________________________________。

I 词语练习

一 用画线的字组词

1. 困阻：（　　　）（　　　）（　　　）（　　　）
2. 开端：（　　　）（　　　）（　　　）（　　　）
3. 获益：（　　　）（　　　）（　　　）（　　　）
4. 坦然：（　　　）（　　　）（　　　）（　　　）

二 填入合适的名词

苦恼的（　　　）	困惑的（　　　）	坦诚的（　　　）
过时的（　　　）	孤独的（　　　）	凄婉的（　　　）
不俗的（　　　）	凄凉的（　　　）	永恒的（　　　）
敞开（　　　）	指望（　　　）	改换（　　　）
封闭（　　　）	宣泄（　　　）	增添（　　　）

三 填入合适的动词

坦诚地（　　　）	恐慌地（　　　）	孤独地（　　　）
哀伤地（　　　）	默默地（　　　）	欢快地（　　　）
（　　　）境界	（　　　）障碍	（　　　）才智
（　　　）高手	（　　　）困境	（　　　）童话

四 填入合适的形容词或副词

（　　　）的心灵	（　　　）的结尾	（　　　）的身世
（　　　）的对手	（　　　）的面目	（　　　）的开端
（　　　）地倾听	（　　　）地陪伴	（　　　）地接纳
（　　　）地付出	（　　　）地宣泄	（　　　）地逃避

五 写出下列词语的近义词和反义词

（一）写出近义词

嘹亮——　　逃避——　　恐慌——

哀伤——　　接纳——　　敬重——

宣泄——　　困境——　　指望——

（二）写出反义词

嘹亮——　　结尾——　　顺眼——

熟食——　　地狱——　　付出——

增添——　　后者——　　过时——

封闭——　　生气勃勃——　　不同凡响——

六 选词填空

困惑　迷惑　坦诚　坦然　漂泊　漂流　孤独　孤单　最终
最后　永恒　永远　恐慌　惊慌　恐怖　强行　强制

1. 我之所以喜欢她，是因为她为人非常（　　），跟这样的人在一起，你会觉得轻松愉快。
2. 过几天我要去参加一个探险活动，就是顺河（　　），你想不想一起去？
3. 一些不法分子常常用虚假广告来（　　）消费者，我们必须要提高警惕。
4. 小时候，爸爸妈妈都上班，我就只好一个人（　　）地留在家里。
5. 一个人只要活着，就（　　）要学习，这就是所谓的“活到老，学到老”。
6. 化工厂里的有毒物质泄漏了，这个消息在附近的居民中引起了（　　）。
7. 我的朋友特别爱看（　　）电影，觉得惊险刺激，还能锻炼胆量。
8. 有一个问题一直使我感到很（　　），那就是人生的意义到底是什么？
9. 昨天老师（　　）说的一句话是：明天有考试，回去好好儿准备。
10. 他脸上的表情十分（　　），不由得你不信任他。
11. 孔子早年的理想是当一个政治家，但到处碰壁之后，他（　　）选择了当一个老师。
12. 一旦遇到紧急情况不要（　　），否则反而会造成更大的危险，应该沉着冷静地进行思考和处理。
13. 如果你不自觉履行赡养父母的义务，法院会采取措施（　　）你执行。
14. 我们的公司刚刚创办，力量（　　），哪能跟大公司相抗衡呀。
15. 你这样（　　）对别人提出要求，别人怎么会不反感呢？
16. 跟（　　）的宇宙相比，我们人类的生命是多么的短暂啊！
17. 我喜欢过稳定平静的生活，不喜欢在外面东奔西走，四处（　　）。

七 解释句子中画线词语的意思

1. 就像下棋，什么困阻都没有你还下的什么劲儿？
   A. 没必要下了　　B. 还有必要下　　C. 没劲儿下了
2. 人们能够坐在一起敞开心扉，坦诚地说一说我们的困惑，大胆地看一看平时不敢触动的某些心灵的角落，这就是最好的办法。
   A. 心里觉得很舒服　　B. 说出自己的心理问题　　C. 把心里的话都说出来
3. 看到这儿我就要放下了，心说又是个老掉牙的故事，……
   A. 形容年龄太老　　B. 形容老旧过时　　C. 形容牙齿不好
4. 这虽然有点无可奈何的味道，但你却能从中获益，从中增添智慧，……
   A. 不可以做　　B. 不知怎么办才好　　C. 不知为什么
5. 一边是自寻烦恼，一边是增添智慧，选择什么不是明摆着的吗？
   A. 很明显，容易看出来　　B. 对问题很明白　　C. 放在明亮的地方
6. 再比如说死亡，你一听见它就着急、生气、发慌，它肯定就会以更加狰狞的面目来找你了；……
   A. 难看的样子　　B. 凶恶的样子　　C. 样子像动物
7. 不光是身体走出屋子去，思想和心情也要走出去，走出一种牛角尖去，然后你肯定会发现别有洞天。
   A. 比喻很难或很小的问题
   B. 比喻很麻烦的问题
   C. 比喻不重要的问题

八 用下列词语填空，并模仿造句

与生俱来	浩瀚无边	一蹴而就	白头偕老	不同凡响
不落俗套	日复一日	生气勃勃	别有洞天	

1. 看到孩子们活泼可爱，（　　）的样子，老人的心里格外舒畅。
2. 他们俩的婚礼是在水中举行的，真可谓创新独特，（　　）。
3. 在现代社会中，能（　　）的夫妻越来越少了。
4. 望着（　　）的大海，心情顿觉开朗，刚才的烦恼一扫而空。
5. 人的很多本能是（　　）的，而不是后天培养出来的。
6. 学习任何一种语言都得循序渐进，不可能（　　）。
7.《红楼梦》是中国古典小说中的代表作品，它内容深刻，人物生动，语言优美，的确是一部（　　）的优秀之作。

8. 体操运动员们（　　　）地做着同样的动作，真是又辛苦又枯燥，但这就是他们拿奖牌的必要条件。
9. 顺着崎岖的山路往前走了500米，我们发现了一个开阔的湖，这里碧波荡漾，绿树成荫，天高风清，真可以说是（　　　）。

九 从下面词语中任选8个写一段话：

难免　坦诚　宣泄　倾听　陪伴　默默　获益　借助　逃避
交加　别有洞天　不同凡响　不落俗套　一蹴而就

Ⅱ 课文理解练习

一 根据课文内容判断正误

读第一部分课文，做下面的题：

1. 在这个世界上，每个人都有困难和苦恼，这是与生俱来的。（　）
2. 总有一天，生活中的困难会被消灭干净，这样人生就更有意思了。（　）
3. 人生就像下棋，如果没有困难的话就没必要再下了。（　）
4. 认识外部世界比认识内心世界要更难一些。（　）
5. 人的心理问题很复杂，不可能一下子全部解决。（　）
6. 解决心理问题的最好办法就是与人交流，向朋友敞开心扉。（　）
7. 自我封闭也是解决心理问题的有效办法之一。（　）
8. 那个年轻的小号手因为没有家了，所以只得离开家乡，四处漂泊。（　）
9. 《小号手的故事》的结局跟作者猜想的完全不一样，不过正是作者喜欢的。（　）
10. 小号手的号声变得欢快、嘹亮，是因为听的人越来越多了。（　）

读第二部分课文，做下面的题：

11. 作者觉得自己的病就像一个九段高手，跟它周旋可以得到收获。（　）
12. 你要是镇静地看待死亡，就会觉得它没那么可怕。（　）
13. 作者说的“使自己走出去”，意思就是到大自然中去。（　）
14. “地狱和天堂都在人间”，意思是人间的生活既有幸福的，也有不幸的。（　）
15. 要想获得爱和友谊，必须先付出，同时你也会得到。（　）
16. 在人的一生中，逃避困境和封闭自己都不可能得到好心情。（　）

二 根据课文内容，用指定的词语回答问题或进行讨论

1. 作者认为“困境”在人生中有什么意义？
（难免　甚至　与生俱来　否则　岂　设想　实在）
2. 如何解决困境给我们带来的心理问题？
（内心　得多　指望　迷惑　敞开　坦诚　大胆　过时　封闭）
3. 为什么说《小号手的故事》的结尾是不同凡响的？
（老掉牙　无非　可是　不落俗套　下　请　日复一日　这样　不再）
4. 作者对自己的疾病有什么看法？
（滚蛋　自讨没趣　但　看做　就像　很可能　从中　明摆着）
5. 什么是心灵最好的医药？怎样才能建立“爱”？
（千万　强行　不光　然后　敞开　但是　亲身　同时　必定）
6. 作者认为在“与困境周旋”的过程中，什么东西是最重要的？你对此有什么看法？
7. 你觉得课文中讲的《小号手的故事》，特别是它的结尾说明了什么？

三 思考与表述

1. 你经历过亲戚朋友的重病或死亡吗？当时你的感觉是怎么样的？你认为遇到这样的事情应该怎样调整自己的心态？
2. 作者在文章中讲了很多对于疾病和死亡的看法。你对作者的看法有什么评价？你是如何看待疾病和死亡的？
3. 现代社会中常见的心理问题有哪些？是因为什么原因产生的？
4. 人的健康包括身体和精神两个方面。你有什么保持身体和心理健康的好建议吗？

阅读与理解

幽默少年的一天

①吉雷·米勒起床了，做好早餐的妈妈对他说：“昨晚你睡得好吗？亲爱的小宝贝？”

②“不知道，妈妈，因为我睡着了。”

③“妈妈，有一件事差点忘了，”正要上学的米勒说，“今天我们学校有一个小小的家长会，老师叫你务必去参加。”

④“什么叫做小小的家长会？”

⑤“就是只有老师和你两个人开会的意思。”

⑥ 原来，米勒在学校闯了祸，老师要找他妈妈谈谈，他不敢直言相告，便编出所谓“小小家长会”的说法。

⑦ 在上学的路上，米勒想起身上没了零花钱，这时，刚好有一个似曾相识的大人走过来，米勒迎上去说：“早上好，叔叔，你可不可以给我5块钱，让我和我的家人团聚？”

⑧“好吧，你的家人在哪儿？”

⑨“他们在下一个站台旁的槟榔店里。”

⑩ 在植物课上，老师问：“这种水果什么时候采摘最好？”

⑪ 米勒的同学举了手，但站起来时却不知该怎么回答，用求援的眼神望着米勒。

⑫“主人不在的时候。”米勒大声告诉同桌。

⑬ 同学们听了拍手称快，老师便点米勒的名，让他回答下一个问题：“防止食物坏掉的最好方法是什么？聪明的米勒。”

⑭“吃掉。”米勒说。

⑮“哈哈——哈哈——”教室里又爆发出一片欢叫声。米勒成了他们的答题英雄。

⑯ 这样类似的回答，几乎在每一堂课上都发生。在米勒的带动下，同学们都学会了积极回答问题。例如：

⑰“不能冷冻的液体是什么？”“热水。”

⑱“为什么自由女神像站在纽约港口？”“因为她不能坐下来。”

⑲“17世纪的科学家有什么共同特性？”“他们都死了。”

⑳ 在体育活动时，米勒跑到老师那儿说：“我哥哥的帽子丢了。”

㉑ 老师问他：“你哥哥的帽子丢了，你哭什么？”

㉒“它丢的时候是我戴着的。”

㉓ 放学前，米勒来到一个女同学面前：“下午你用不用水彩？可不可以借给我用？”

㉔ 那女孩说：“对不起，米勒，下午我要用。”

㉕“那好，你就没有时间用网球拍了，我向你借网球拍好了。”

㉖ 回到家里，米勒伤心极了："妈妈，我把梯子弄倒了。"

㉗ 妈妈安慰他说："没有关系，去告诉爸爸把它扶起来就好了，孩子。"

㉘ "但是，爸爸本来是在梯子顶上的。"

㉙ 吃晚餐的时候，隔壁那个破嗓子的声音又传来了。

㉚ "你为什么说真希望他去电视上唱？你不是被他烦死了吗？"

㉛ "是啊。" 米勒说，"如果他是在电视上唱，我就可以马上关掉。"

㉜ 睡觉前，米勒同哥哥玩时打破了花瓶，哥哥很害怕，米勒却说："看我的。"

㉝ 米勒跑到大厅，告诉正在看电视的妈妈："我和哥哥发明了一种方法，妈妈，你十几年来，一直担心那个花瓶，从今以后你再不用担心了。"

㉞ "什么方法？"

㉟ "这是一个秘密。" 说完，米勒跑进了卧房。

（摘自《读者》，有改动）

一 根据文章内容选择正确答案

读第①—⑲段，做下面的题：

1. 米勒说不知道自己昨天晚上睡得好不好，是因为：
   A. 自己看不到自己
   B. 睡着后什么都不知道
   C. 妈妈没有告诉他
2. 米勒说的"家长会"其实是：
   A. 老师要单独和他妈妈谈话
   B. 老师要和几个调皮孩子的家长谈话
   C. 老师要和考试不及格的孩子的家长谈话
3. 米勒在课堂上回答问题的表现使同学们：
   A. 非常聪明　　B. 非常担心　　C. 非常快乐

4. 米勒的行为：

A. 对同学们没有什么影响

B. 带动大家积极回答问题

C. 使老师非常生气

读第⑳—㉟段，做下面的题：

5. 哥哥的帽子丢了，米勒很难过，是因为：

A. 哥哥的帽子很时髦

B. 哥哥的帽子很贵重

C. 哥哥的帽子是米勒弄丢的

6. 米勒想向那位女同学借的东西其实是：

A. 水彩　　B. 网球拍　　C. 帽子

7. 米勒希望隔壁那个人去电视上唱歌：

A. 因为他觉得那个人唱得很好，这样可以让大家都欣赏

B. 因为他觉得那个人唱得难听，这样可以把电视关掉

C. 因为他觉得那个人长得很帅，有希望成为一个明星

8. 米勒让妈妈不用再担心那个花瓶：

A. 因为他已经把花瓶放到了安全的地方

B. 因为他和哥哥已经把花瓶摔碎了

C. 因为他已经向妈妈做过不损坏花瓶的保证了

二 谈一谈

1. 你喜欢米勒的幽默吗？为什么？

2. 你觉得在米勒的家里明天会发生什么事情？

3. 你是一个幽默的人吗？你周围有幽默的人吗？请具体介绍一下。

4. 说一个你认为最有趣的笑话。

我反对克隆人

课前思考

1. 根据你的了解，什么是“克隆”？你对此有什么看法？
2. 如果有可能，你愿不愿意自己被克隆？为什么？
3. 本文的作者周国平是当代著名学者、作家、诗人。在本文中，作者表明了自己对克隆人实验所持的立场，请读一读，看看他为什么反对克隆人，他从哪几个方面论述了自己的理由。

第一部分

由于克隆羊多利①的诞生以及随后美国人希德声称要进行克隆人的实验，关于克隆人是否道德和应否加以禁止的争论活跃了起来。尽管科学界旋即又对多利实验的可靠性提出了有力的质疑，从而**大大**推迟了克隆人实验的可行性日程，但是，从现代科学技术发展的势头看，推迟大概不会是无限期的。因此，相关的争论仍将不可避免。

我本人对克隆人持反对的立场，其理由如下——

通过克隆的方式来繁殖人是不自然的、反自然的。衡量生殖方式之是否自然，要有一个标准，便是自然界中实际发生的基本过程，此外不可能有别的标准。在自然界中，生殖方式是由无性向有性发展的，而凡是哺乳动物皆为有性生殖。倘若人为地加以改变，就是非自然，倘若这种改变产生了危害自然界生物状态的后果，就是反自然。

有人断言：人是自然界进化过程的产物，人所做的一切都是这个过程的延续，因而都是自然的。这种逻辑抹杀了自然与非自然的界限。按照这种逻辑，就根本不存在任何非自然的东西了，甚至可以把灭绝人类和其他生物的核大战也宣布为自然的了。

第二部分

通过克隆的方式来繁殖人也是不道德的。这首先是因为，克隆人违背和

1 克隆	kèlóng	（动）	无性繁殖。clone
2 诞生	dànshēng	（动）	（人）出生。（诞生——出生）
3 随后	suíhòu	（副）	表示紧接某种情况或行动之后，多与“就”连用。
4 声称	shēngchēng	（动）	声言。

5 界	jiè	（名）	按职业或性别等划分的社会成员的总体。
6 旋即	xuánjí	（副）	很快地。
7 质疑	zhìyí	（动）	提出疑问。
8 大大	dàdà	（副）	强调程度深，范围广。
9 可行性	kěxíngxìng	（名）	指（意见、方案、计划等）所具备的可以实施的特性。
10 势头	shìtou	（名）	形势；情势。
11 无限期	wúxiànqī		没有明确的不许超过的日期。
12 相关	xiāngguān	（动）	彼此关联。
13 持	chí	（动）	抱有（某种见解、态度等）。
14 如下	rúxià	（动）	像下面所叙述或列举的。
15 繁殖	fánzhí	（动）	生物产生新的个体，以传代。
16 衡量	héngliáng	（动）	比较；评定。
17 生殖	shēngzhí	（动）	生物产生幼小的个体以繁殖后代。
18 自然界	zìránjiè	（名）	一般指无机界和有机界。有时也指包括社会在内的整个物质世界。natural world
19 凡是	fánshì	（副）	总括某个范围内的一切。
20 哺乳	bǔrǔ	（动）	用乳汁喂。
21 人为	rénwéi	（形）	人造成的（用于不如意的事）。
22 断言	duànyán	（动）	十分肯定地说。
23 产物	chǎnwù	（名）	在一定条件下产生的事物；结果。
24 延续	yánxù	（动）	照原来样子继续下去；延长下去。在课文中为名词用法，指跟某事有连续关系的另一事。（延续——延长）
25 逻辑	luójí	（名）	思维的规律。logic
26 抹杀	mǒshā	（动）	一概不计；完全勾销。
27 界限	jièxiàn	（名）	不同事物的分界。
28 灭绝	mièjué	（动）	完全灭亡。
29 违背	wéibèi	（动）	违反，不遵守。

损害了人类的基本价值观念，其中包括人格的价值，即每一个人作为独一无二的生命体，作为个性的价值以及情感的价值，尤其是以有性生殖为基础的爱情和亲情的价值。一旦个体的人可以通过无性的方式复制，这些价值皆从根本上被动摇甚至被摧毁了。

其次，克隆人必将导致严重的伦理后果。我们不妨设想一下，人类可能为了什么目的进行人的克隆？无非是两种情况。一是为了改良人种，通过克隆制造"优质人"，将体质上或智力上的优秀者大量复制，而淘汰劣者。姑且假定这一做法在技术操作上不存在困难，克隆出来的人的确能够继承其母本的优点，那么，剩下的问题便是决定谁有权被复制谁必须被淘汰了。不难想象，在此情形下，人类便会被划分为空前不平等的两大等级，人与人之间为了争夺繁衍权而必将陷入空前激烈的斗争。另一可能的目的是通过克隆制造"工具人"，由于克隆出来的人是可以大量复制的，他们的生命将不被珍惜，人们完全可能、甚至必然会把他们用于战争或残害性实验。在此情形下，人类同样会形成两大不同等级，一是自然诞生的人，一是克隆出来的人，其间的鸿沟远甚于奴隶和奴隶主，从而形成新的奴隶制度。这种对于克

30 损害	sǔnhài	（动）	使（事业、利益、健康、名誉等）蒙受损失。（损害——伤害——危害）
31 独一无二	dú yī wú èr		没有相同的；没有可以相比的。
32 情感	qínggǎn	（名）	对外界刺激肯定或否定的心理反应，如喜欢、愤怒、悲伤、恐惧、爱慕、厌恶等。
33 亲情	qīnqíng	（名）	亲人的情义。
34 一旦	yídàn	（副）	指不确定的时间，表示"忽然有一天"或"要是有一天"。
35 复制	fùzhì	（动）	依照原件制作成同样的。
36 摧毁	cuīhuǐ	（动）	用强大的力量破坏。
37 导致	dǎozhì	（动）	引起。
38 伦理	lúnlǐ	（名）	指人与人相处的各种道德准则。ethics; moral principles
39 不妨	bùfáng	（副）	表示可以这样做，没有什么妨碍。
40 设想	shèxiǎng	（动）	想象；假想。

41 改良	gǎiliáng	（动）	去掉事物的个别缺点，使更适合要求。（改良——改进——改善）
42 人种	rénzhǒng	（名）	具有共同起源和共同遗传特征的人群。ethnic group; race
43 体质	tǐzhì	（名）	人体的健康水平和对外界的适应能力。physique; constitution
44 智力	zhìlì	（名）	指人认识、理解客观事物并运用知识、经验等解决问题的能力，包括记忆、观察、想象、判断、思考等。intelligence; intellect
45 淘汰	táotài	（动）	在选择中去除（不好的、弱的或不适合的）。
46 劣	liè		坏；不好（跟“优”相对）。
47 姑且	gūqiě	（副）	表示暂时地。
48 假定	jiǎdìng	（动）	姑且认定。
49 操作	cāozuò	（动）	按照一定的程序和技术要求进行活动或工作。
50 母本	mǔběn	（名）	生物繁殖过程中雌性的亲代。本课指被复制者。female parent
51 权	quán	（名）	权力。power; authority
52 划分	huàfēn	（动）	把整体分成几部分。
53 等级	děngjí	（名）	按质量、程度、地位等的差异而划分的级别。
54 繁衍	fányǎn	（动）	逐渐增多或增广。
55 必将	bìjiāng	（副）	一定会。
56 陷入	xiànrù	（动）	落在（不利的境地）。
57 残害	cánhài	（动）	伤害或杀害。
58 其间	qíjiān	（名）	那中间；其中。
59 鸿沟	hónggōu	（名）	比喻明显的界线。wide gap; chasm; gulf
60 甚	shèn	（动）	超过；胜过。
61 奴隶主	núlìzhǔ	（名）	占有奴隶和生产资料的人，是奴隶社会里的统治阶级。slave owner; slaveholder

隆出来的人的生命的态度也必然会殃及自然诞生的人，因为只要个人可以复制，对生命不尊重的态度一旦形成，两者之间的界限就很容易被打破了。很显然，在上述两种情况下，无论克隆的目标是“优质人”抑或是“工具人”，均隐含着人类自我毁灭的危险。

有人强调“科学无禁区”，以此为理由主张克隆人不应该成为禁区。还有人强调“个人的选择自由”，以此为理由主张个人有权选择克隆的繁殖方式。科学即对事物的认识诚然是没有禁区的，但技术即对事物的改变却必须有禁区，前提是不能危及人类的生存。至于“个人的选择自由”，当然也必须遵守这个前提。**鉴于**克隆人会危及人类的生存，我赞成在世界范围内通过立法严格禁止克隆人的实验。

（作者：周国平，选自《朝圣的心路》）

62 殃及	yāngjí	（动）	使受祸害。
63 打破	dǎpò	（动）	突破原有的限制、拘束等。
64 上述	shàngshù	（形）	上面所说的（多用于文章段落或条文等的中间或结尾部分）。
65 抑或	yìhuò	（连）	表示选择关系，相当于“或者”、“还是”。
66 均	jūn	（形）	都；全。
67 毁灭	huǐmiè	（动）	摧毁消灭。
68 禁区	jìnqū	（名）	禁止一般人进入的地区。
69 诚然	chéngrán	（连）	固然（引起下文转折）。
70 前提	qiántí	（名）	事物发生或发展的先决条件。
71 危及	wēijí	（动）	有害于；威胁到。
72 鉴于	jiànyú	（连）	考虑到。
73 立法	lì fǎ		国家权力机关按照一定程序制定或修改法律。

① 多利 Duōlì：1997 年首次通过无性繁殖产下的羊羔（gāo）。

1 诞生——出生

【牛刀小试：把“诞生”和“出生”填入下面的句子中】

1. 在中国，1980年以后1990年以前（　　）的人都被称为“80后”。
2. 他率先冲过了终点，又一项新的世界纪录（　　）了。
3. 请你填上你的（　　）年月。
4. 这家公司是一家老牌的化妆品生产公司，它（　　）于1928年。

【答疑解惑】

语义

都指人或哺乳动物生育出来。但“诞生”既指出生，还指新事物的产生，是褒义词，有庄重、尊敬的感情色彩；“出生”只用于人或哺乳动物，不用于其他事物，词义范围比“诞生”小，是中性词，没有庄重色彩。

（1）这里就是中国最伟大的教育家孔子诞生的地方。

（2）这份杂志诞生于上个世纪初。

（3）你是哪年出生的？

用法

都是动词。“诞生”多用于伟大人物，不用于自己；“出生”可用于他人或自己。

（4）为了纪念这位伟大的作家诞生100周年，人民文学出版社出版了他的全集。

（5）你是在哪儿出生的？

（6）我出生在一个有浓厚的儒家传统的家庭。

“诞生”还常用于政党、国家、组织等的创建，“出生”则不可。

（7）联合国诞生于1945年。

“出生”可用于“出生率/出生日期/出生年月日”等搭配，“诞生”则不可。

语体

“诞生”多用于书面语，“出生”书面语、口语都常用。

2 延续——延长

【牛刀小试：把“延续”和“延长”填入下面的句子中】

1. 这项工程看来无法按时完工了，能不能（　　）几天？
2. 千百年来，人类一直在想尽办法（　　）寿命。
3. 在这次演唱会上，他基本上（　　）了以往的演唱风格。
4. 在下个赛季，他们能否再（　　）场场不败的神话？大家都拭目以待。

【答疑解惑】

语义

都有“加长”的意思。但“延续”侧重在照原样继续下去，多用于抽象事物，反义词是“终止”；“延长”侧重在距离、时间等的增加，反义词是“缩短”。

（1）这种状况不能再延续下去了。

（2）从这个学期开始，学校的班车路线延长了。

用法

都是动词。“延续” 多用于活动、情况、事件等方面；“延长”多用于道路、航线、队伍等条形事物以及期限、寿命等方面。

（3）延续了半年的旱情终于缓解了。

（4）这个研讨会已经定期举办了五年了，无论如何不能因为资金紧张而停止，应该想办法延续下去。

（5）加入队伍的人越来越多，10米，20米，30米……队伍在不断地延长。

（6）现在的生活水平和医疗水提高了，人民的平均寿命延长了。

（7）第二届全国经济理论学术研讨会延长了三天。

“延续”还有名词用法，指跟某事有连续关系的另一件事，常用在“是”字句中。“延长”没有这种用法。

（8）我现在所做的工作只是我导师前几年工作的延续。

3 损害——伤害——危害

【牛刀小试：把“损害”、“伤害”和“危害”填入下面的句子中】

1. 这样随意地批评孩子，无疑会（　　）孩子的积极性。
2. 他以（　　）公共安全罪被告上法庭。
3. 这些年轻人为何走上了（　　）社会这条路呢？
4. 她向律师咨询了有关交通事故（　　）赔偿方面的问题。
5. 长时间玩儿电脑游戏肯定会（　　）视力。

【答疑解惑】

语义

都有“使受害”的意思。但“损害”侧重在指因破坏而使事业、利益、健康、名誉等蒙受损失；“伤害”侧重在使身体或思想感情受伤，语义比“损害”略重；“危害”侧重在危及安全，使人或物的根本、整体遭受破坏，语意最重。

（1）这种盗版行为不仅损害了我们的利益，也损害了我们的声誉。

（2）这个孩子本性善良，从不肯伤害小动物，连走路时都不愿踩到蚂蚁。

（3）大量排放工业废水会危害农作物的生长。

用法

都是动词。“损害”的对象是抽象的、概括性的事物，如主权、事业、工作、利益、视力、名誉等；“伤害”的对象是有生命的东西，及与人的思想感情有关的抽象事物（如自尊心、积极性等）；“危害”的对象是有关人或物生存、发展方面的事物，如生命、青少年、安全、国家、社会等。

（4）有人想把公共场所的装饰物拿回家，老马制止了这种损害国家利益的行为。

（5）说话时要注意避免伤害别人的自尊心。

（6）对于危害国家和人民安全的行为，必须严肃惩处。

4 改良——改进——改善

【牛刀小试：把“改良”、“改进”和“改善”填入下面的句子中】

1. 学校里的饭菜不合胃口，所以小力每个周末都回家（　　）伙食。
2. 如果我们设法（　　）一下学习方法，一定能进一步提高汉语水平。
3. 他是温和的（　　）派，而非激进的革命派。
4. （　　）工作态度以后，我们商店的营业额有了明显提高。
5. 环境不好，应该想办法去（　　），而不是成天抱怨。

【答疑解惑】

语义

都指改变原有情况，使之更好。但“改良”侧重在改掉事物的个别缺点，使之更适合要求；“改进”侧重在使总体情况有所进步；“改善”侧重在使原来的状况更加完善。

（1）这种改良过的西瓜品种又大又甜，很受欢迎。

（2）政府部门大大地改进了工作作风，提高了工作效率。

（3）改革开放以后，本省的投资环境逐步得到了改善。

用法

都是及物动词，后面的名词性宾语一般是多音节词，不能是单音节词。

“改良”的对象一般是品种、土壤、水质、工具等具体事物及社会、政治等；“改进”的对象一般是工作、作风、技术、方法、态度等；“改善”的对象一般是人生活的环境、条件、伙食、待遇、状况、生活、关系等抽象事物。

（4）关闭了几家排放污水的工厂以后，这条河的水质得到了改良（改善）。

（5）他一向反对激进的社会革命，主张社会改良。

（6）他们不仅应该改进工作方法，还应改进工作态度。

（7）依我看，这种技术还可以再改进改进。

（8）要想改善健康状况，就必须改变不良的饮食习惯。

（9）这几年，大部分北京人的居住条件都有了明显的改善。

“改良”可以组成“改良派/改良主义/改良型”等短语，而“改进、改善”则不能。

1 尽管科学界旋即又对多利实验的可靠性提出了有力的质疑，从而大大推迟了克隆人实验的可行性日程……

【解释】大大：副词，表示程度很深或数量很大。多加双音节动词、动词短语，也可修饰部分双音节形容词、形容词短语。可以加“地”。

【举例】（1）改进了产品的外包装以后，成本也大大提高了。

（2）公共交通线路的增加大大地方便了市民们的出行。

（3）把这么好的人才放走，你们可是大大地失算了。

（4）如果我们不急起直追，我们的高科技水平必将大大落后于他人。

（5）从最近的几场比赛结果来看，红队的成绩大大低于蓝队。

【练习】用“大大”完成句子：

（1）这次旅游使我的汉语水平＿＿＿＿＿＿＿＿＿＿＿＿。

（2）由于战争频繁，＿＿＿＿＿＿＿＿＿＿＿＿。

（3）虽然产品数量增加了，＿＿＿＿＿＿＿＿＿＿＿＿。

（4）中国西部地区的经济发展水平＿＿＿＿＿＿＿＿＿＿＿＿。

2 一旦个体的人可以通过无性的方式复制，这些价值皆从根本上被动摇甚至被摧毁了。

【解释】一旦：副词，表示不确定的一天，有一天。多与“就”、“便”、“将”等词搭配使用。既可用于未发生的事，也可用于已发生的事。

【举例】（1）这项技术一旦应用于生产，就能获得较高的经济效益。
（2）一旦有什么变化我立即通知你。
（3）他们相处多年，一旦分别，怎能不想念呢？
（4）做什么事情一旦下了决心，就应该积极行动。

【练习】完成句子（后两题用“一旦”）：
（1）两国之间的贸易战一旦打起来，________________________。
（2）有的人工作了大半辈子，一旦退了休，________________________。
（3）地球上________________________，人类将无法继续在地球上生存。
（4）他过惯了轻松自在的生活，________________________，就觉得受不了了。

3 我们不妨设想一下，人类可能为了什么目的进行人的克隆？

【解释】不妨：副词。“不妨+动词短语”表示可以这样做，没有什么妨碍。语气比较委婉，包含着说话人认为这样做更好的意思。

【举例】（1）工作之余我们不妨去爬爬山，对修身养性大有好处。
（2）要是你不相信这个人，你不妨打电话到他单位问问。
（3）不买我的东西也不要紧，您不妨看看。
（4）两个人不够，不妨再要几个人。

【练习】用“不妨”完成句子：
（1）读书读累了，________________________。
（2）有什么意见，________________________。
（3）那家茶馆还算不错，________________________。
（4）这些工作你一个人忙不过来，________________________。

4 姑且假定这一做法在技术操作上不存在困难，克隆出来的人的确能够继承其母本的优点，那么，剩下的问题便是决定谁有权被复制谁必须被淘汰了。

【解释】姑且：副词。表示暂时地，相当于“暂时”、“暂时先”。“姑且+动词短语”用在前一分句时，表示说话人暂时做出某种让步。多用于书面语。

【举例】（1）姑且算你说得对，不过我还得去核对一下。

（2）姑且承认他对你的态度太生硬，但是也应看到你在处理案件的过程中确实存在着一些严重问题。

（3）我们姑且不谈他们来这儿的目的，只看他们来这儿以后的所作所为，就不能不为我们自己的将来忧虑了。

（4）我们姑且不论你是否有错，仅就你此刻的态度看也是有问题的。

【练习】完成句子：

（1）这次姑且算你赢了，＿＿＿＿＿＿＿＿＿＿＿＿＿＿＿＿＿＿＿＿。

（2）姑且假定＿＿＿＿＿＿＿＿＿＿＿＿＿＿＿＿＿＿＿＿＿＿＿＿＿。

（3）姑且承认＿＿＿＿＿＿＿＿＿＿＿＿＿＿＿＿＿＿＿＿＿＿＿＿＿。

（4）姑且不谈＿＿＿＿＿＿＿＿＿＿＿＿＿＿＿＿＿＿＿＿＿＿＿＿＿。

5 鉴于克隆人会危及人类的生存，我赞成在世界范围内通过立法严格禁止克隆人的实验。

【解释】鉴于：连词。用在表示因果关系的复句中前一分句句首，指出后一分句行为的依据、原因或理由（多指引以为戒或作为经验教训的事情）。前边一般不加主语。多用于书面语。

【举例】（1）鉴于至中国各大城市的飞行距离缩短，经济舱机票票价将相应下调。

（2）鉴于目前部分师资水平尚未达到规定要求，教育局将有计划有步骤地开办各种门类的培训班。

（3）鉴于上述情况，我公司将提出赔偿要求。

（4）鉴于前一阶段中普遍存在的质量问题，质检部门将在全市范围内进行一次全面检查。

【练习】完成句子：

（1）鉴于他在这方面有突出的才干和成就，＿＿＿＿＿＿＿＿＿＿＿＿＿＿。

（2）鉴于这一路段经常发生交通事故，＿＿＿＿＿＿＿＿＿＿＿＿＿＿＿＿。

（3）＿＿＿＿＿＿＿＿＿＿＿＿＿＿＿＿＿＿＿，学校决定严格考场纪律。

（4）鉴于上述情况，＿＿＿＿＿＿＿＿＿＿＿＿＿＿＿＿＿＿＿＿＿＿＿＿。

综合练习

I 词语练习

一 用画线的字组词

1. 随后：(　　　　) (　　　　) (　　　　) (　　　　)
2. 繁殖：(　　　　) (　　　　) (　　　　) (　　　　)
3. 体质：(　　　　) (　　　　) (　　　　) (　　　　)
4. 操作：(　　　　) (　　　　) (　　　　) (　　　　)

二 填入合适的名词

繁殖（　　　　）　抹杀（　　　　）　灭绝（　　　　）
违背（　　　　）　损害（　　　　）　摧毁（　　　　）
淘汰（　　　　）　改良（　　　　）　划分（　　　　）
陷入（　　　　）　打破（　　　　）　危及（　　　　）

三 填入合适的动词

（　　　　）逻辑　（　　　　）亲情　（　　　　）体质
（　　　　）等级　（　　　　）鸿沟　（　　　　）禁区

四 写出下列词语的近义词或反义词

（一）写出近义词

声称——　情感——　摧毁——
其间——　打破——　抑或——

（二）写出反义词

相关——　人为——　延续——
违背——　劣——　上述——

五 选词填空（每个词只用一次）

克隆　随后　旋即　无限期　相关　人为　断言　导致　伦理　假定　前提

1. 开放了这个禁区以后，（　　　）的出版物（　　　）大量出现在各大书店里。

2. 对这个国家的经济制裁不会是（　　）的，总有一天会解除。
3. 你先走，我（　　）就到。
4. 最近忙得不得了，他恨不得再（　　）一个自己。
5. 如果他继续逃避现实、不负责任的话，我可以（　　），最终他将被社会所抛弃。
6. 我同意他参加，但（　　）是他必须遵守我们的规定。
7. 这两个国家之间的紧张状态完全是（　　）造成的。
8. 过度的激动容易（　　）心脏病发作。
9. 东西方的（　　）道德观念究竟有多大的差异？
10. （　　）他已经实现了自己的梦想，成了富人，但如果不懂得爱，他也不会生活得很幸福。

诞生　出生　延续　延长　损害　伤害　危害　改良　改进　改善

1. 为了提高农产品的产量和质量，有必要（　　）土壤。
2. 近几年，这家商场的服务员服务态度有所（　　），所以营业额也有所提高。
3. 你是哪年（　　）的？
4. 父母经常争吵，会（　　）孩子的心灵。
5. 鲁迅先生（　　）于1881年。
6. 他的不法行为（　　）了公司的利益。
7. 从这个学期开始，学校的班车路线（　　）了。
8. 两国总理一致认为应该进一步（　　）两国的关系。
9. 虽然中学毕业已经五十多年了，但他们的友谊却一直（　　）至今。
10. 黑社会的所作所为（　　）了社会秩序。

六 解释句子中画线词语的意思

1. 尽管科学界旋即又对多利实验的可靠性提出了有力的质疑，

   A. 立即　　B. 快点　　C. 早已

2. 有人断言：人是自然界进化过程的产物，人所做的一切都是这个过程的延续，因而都是自然的。

   A. 推断　　B. 发表不同的言论　　C. 十分肯定地说

3. 其中包括人格的价值，即每一个人作为独一无二的生命体，作为个性的价值以及情感的价值，尤其是以有性生殖为基础的爱情和亲情的价值。

   A. 也就是　　B. 以及　　C. 便是

4. ……其间的鸿沟远甚于奴隶和奴隶主，从而形成新的奴隶制度。

   A. 距离很远　　B. 远远超过　　C. 相差甚远

5. 无论克隆的目标是“优质人”抑或是“工具人”，均隐含着人类自我毁灭的危险。

A. 还　　B. 也　　C. 都

6. 科学即对事物的认识诚然是没有禁区的，但技术即对事物的改变却必须有禁区，前提是不能危及人类的生存。

A. 固然　　B. 自然　　C. 既然

7. 鉴于克隆人会危及人类的生存，我赞成在世界范围内通过立法严格禁止克隆人的实验。

A. 提到　　B. 考虑到　　C. 鉴定为

七 选择正确的答案

1. 由于克隆羊多利的诞生以及随后美国人希德声称要进行克隆人的实验，关于克隆人是否道德和应否加以禁止的争论（　　）了起来。

A. 活泼　　B. 跳跃　　C. 活跃

2. 从现代科学技术发展的势头看，推迟大概不会是（　　）限期的。

A. 不　　B. 无　　C. 非

3. 衡量生殖方式之是否自然，要有一个标准，便是自然界中实际发生的基本过程，（　　）不可能有别的标准。

A. 以外　　B. 其他　　C. 此外

4. 倘若（　　）地加以改变，就是非自然……

A. 人为　　B. 人力　　C. 人造

5. 倘若这种改变产生了危害自然界生物状态的（　　），就是反自然。

A. 后果　　B. 成果　　C. 因果

6. 这种逻辑（　　）了自然与非自然的界限。

A. 刺杀　　B. 抹杀　　C. 暗杀

7. 甚至可以把（　　）人类和其他生物的核大战也宣布为自然的了。

A. 灭亡　　B. 消亡　　C. 灭绝

8. 在此情形（　　），人类便会被划分为空前不平等的两大阶级。

A. 上　　B. 中　　C. 下

9. 科学即对事物的认识诚然是没有禁区的，但技术即对事物的改变却必须有禁区，前提是不能危及人类的生存。（　　）“个人的选择自由”，当然也必须遵守这个前提。

A. 至于　　B. 关于　　C. 对于

八 在每个空格中填入一个合适的字

（　　）于克隆羊多利的诞生（　　）及随后美国人希德声称要进行克隆人的实验，关于克隆人是（　　）道德和应否加（　　）禁止的争论活跃了起来。（　　）管科学界旋即又对多利实验的可靠性提出了有力的质疑，从（　　）大大推迟了克隆人实验的可行（　　）日程，但是，（　　）现代科学技术发展的势头看，推迟大概不会是（　　）限期的。因此，相（　　）的争论仍将不可避免。

Ⅱ 课文理解练习

一 根据课文内容判断正误

读第一部分课文，做下面的题：

作者认为：

1. 可以无限期推迟克隆人实验的可行性日程。（　）
2. 通过克隆的方式来繁殖人是不自然的、反自然的。（　）
3. 人为地改变动物的生殖方式，就是反自然。（　）

读第二部分课文，做下面的题：

4. 一旦个体的人可以通过无性的方式复制，人类的基本价值观念皆从根本上被动摇甚至被摧毁了。（　）
5. 克隆人必将导致严重的伦理后果。（　）
6. 自然诞生的人和克隆出来的人之间的界限无法打破。（　）
7. 科学是有禁区的。（　）
8. “个人的选择自由”，应当遵守不能危及人类的生存这个前提。（　）

二 请把课文缩写成200字左右的提纲，并模仿此提纲结构，选用下面的词语写一段话。

我对……持……的立场，其理由如下——

首先是因为……其次……

一是……，一是……

鉴于　　上述　　大大　　一旦　　不妨　　无非　　姑且

三 思考与表述

1. 作者反对克隆人的理由主要有哪几点？
2. 为什么作者认为通过克隆的方式来繁殖人是不道德的？
3. 分组辩论：

题目：克隆人的实验是利大于弊还是弊大于利？

正方观点：克隆人的实验是利大于弊

反方观点：克隆人的实验是弊大于利

电脑叫板人脑

①国际象棋是世界上普及面最广，也是最流行的智力运动项目。在过去的60年间，以IBM为首的世界知名企业纷纷投入，开发国际象棋软件，其目的便在于用电脑棋艺软件达到顶级棋手水平的事实向世人证明——电脑为伴，一切皆有可能。那场世人瞩目的人机大战以电脑软件“深蓝”打败男子世界冠军的结果画上句号，标志着当今电脑棋艺软件水平达到了世界顶尖高手水平时代的到来。

②电脑比人的棋艺水平高并不能说明什么，因为人的大脑认知潜力开发无法像电脑一样凭借芯片开发和编写新程序便可以取得质的飞跃，人下棋时还要犯这样那样的错误。方寸棋盘上发生的千变万化，仍然不为人类所驾驭。于是，下棋到底是人脑厉害还是电脑水平高的疑惑被抛在了一边，国际象棋竞赛又回归到人与人之间的智力比拼，凝聚着人类文明发展智慧结晶的国际象棋依然令世人为之着迷。

③不过，既然棋艺电脑软件水平如此了得，当然成为棋手训练不可缺少的助手。现在的棋手，无论年龄老少基本是人手一台电脑。平日训练，更是一改以往面对棋盘的苦思冥想，棋手们会一边在棋盘上拉开战场摆好局型，一边在电脑中输入各种变招。如今棋手生活每天必须重复的程序是：先打开某个知名电脑棋艺软件，随之设定棋图局面，然后按开始键，如此之后

电脑程序便开始不辞辛苦地运转开来，帮助棋手寻找各种可能的变招。不可否认，这样的训练方法，确实比常规的人脑思考效率高。甭说别的，电脑不会因为疲劳出现棋手常出现的视觉盲区，通过电脑总结出的棋招变化，失误率几乎为零。

④ 新的训练方法，确切地说是在电脑软件的辅佐下，近十年世界范围内年轻棋手如雨后春笋般不断涌出，并且个个棋艺知识面广，颇有些无所不能之势。小小电脑之中确实存储了太多太多的知识信息！但是，成为高手真的比过去简单了吗？答案当然不像谁都会打开电脑棋艺软件那么容易。

⑤ “这个局面电脑软件的评价原来是……”“嗨，电脑只用一秒钟就指出的招法，我下棋时根本没有看到……”“×××刚买了台特棒的电脑，我也得赶紧换个新的，不然电脑解拆出来的招法就不灵了……”

⑥ 当类似的话语变成了棋手间最常见的交流语言，人们似乎突然发现，虽然水涨船高，大家的棋艺水平都提高了一个档次，但在各项世界重要赛事中频频登顶的还是那几个“牛人”。归根结底，棋盘上的较量最终还是人与人之间智力的比拼，超一流的棋手行列中没听说有谁是完全依靠电脑的。

⑦ 科技改变生活，电脑已渗入了各行各业，棋的小小世界当然也不例外。但电脑不是万能的，更代替不了人脑。最终，人的意志和力量才是决定因素，成为棋坛高手仍需潜心苦修。

⑧ 最后，终点回归到起点，成功=99%汗水+1%天才。电脑时代，这个公式一样成立。

（作者：谢军，选自《北京晚报》）

一 根据文章内容选择正确答案

读第①—③段，做下面的题：

1. 世界上普及面最广、最流行的智力运动项目是：
   A. 中国象棋　　B. 国际象棋　　C. 电脑游戏
2. 文章中的“深蓝”是：
   A. 电脑棋艺软件　　B. 高水平的棋手　　C. 一台电脑

3. 文中提到的“人机大战”指的是：
   A. 深蓝和很多人的比赛
   B. 深蓝和女子世界冠军的比赛
   C. 深蓝和男子世界冠军的比赛
4. 电脑比人的棋艺水平高：
   A. 所以现在的国际象棋比赛变成了电脑之间的比赛
   B. 但现在的国际象棋比赛还是人与人之间的比赛
   C. 所以现在的国际象棋比赛变成了电脑与人的比赛
5. 现在的棋手们在平时练习的时候：
   A. 都离不开电脑
   B. 都不使用电脑
   C. 有的人用电脑有的人不用

读第④—⑧段，做下面的题：

6. 因为有了电脑棋艺软件，所以：
   A. 棋手们都成了高手
   B. 棋手成为高手变得很简单
   C. 棋手变成高手并没因此而变得很简单
7. 从棋手们交流的话语中可以看出：
   A. 电脑对他们很重要　　B. 电脑对他们不重要　　C. 电脑太快人脑跟不上
8. 有了电脑，在各项世界重要赛事中频频登顶的：
   A. 是大家都有了机会　　B. 还是那几个“牛人”　　C. 由人变成了电脑
9. 作者认为，在现代社会的竞争中，成功的决定因素是：
   A. 电脑的先进程度　　B. 人的聪明程度　　C. 人的意志和力量

二 谈一谈

1. 本文作者谢军曾经是女子国际象棋比赛的世界冠军。你如果对她不太了解，可以在网络上查一下关于她的材料，然后全班一起交流一下。
2. 你喜欢国际象棋或者其他的棋类吗？你用电脑玩儿过下棋的游戏吗？你觉得与电脑下棋有意思还是与人下棋有意思？
3. 电脑改变了我们的生活。有了电脑，我们的人脑就可以休息一下了，什么都不用动脑子了。你同意这样的观点吗？为什么？

附录一　词语索引

107	单身	dānshēn	2
108	诞生	dànshēng	10
109	当仁不让	dāng rén bú ràng	5
110	岛屿	dǎoyǔ	4
111	导致	dǎozhì	10
112	得意	déyì	1
113	等级	děngjí	10
114	低沉	dīchén	9
115	抵挡	dǐdǎng	9
116	地平线	dìpíngxiàn	4
117	地狱	dìyù	9
118	地质	dìzhì	4
119	巅	diān	6
120	点名	diǎn míng	9
121	叮	dīng	7
122	盯	dīng	1
123	顶尖	dǐngjiān	8
124	定音	dìng yīn	5
125	订阅	dìngyuè	2
126	陡然	dǒurán	1
127	独生女	dúshēngnǚ	1
128	独一无二	dú yī wú èr	10
129	独自	dúzì	2
130	断言	duànyán	10
131	堆砌	duīqì	6
132	对手	duìshǒu	9
133	兑现	duìxiàn	3
		E	
134	额	é	3
135	额头	étóu	7
136	扼要	èyào	2
137	鳄鱼	èyú	7
138	儿歌	érgē	8
139	而已	éryǐ	8
		F	
140	发慌	fā huāng	9
141	发行	fāxíng	2
142	发涨	fāzhàng	1
143	乏	fá	3
144	法宝	fǎbǎo	4
145	翻滚	fāngǔn	4
146	凡事	fánshì	5
147	凡是	fánshì	10
148	烦恼	fánnǎo	1
149	繁衍	fányǎn	10
150	繁殖	fánzhí	10
151	反哺	fǎnbǔ	8
152	反射	fǎnshè	4
153	非凡	fēifán	7
154	肥皂粉	féizàofěn	6
155	废物	fèiwu	6
156	分手	fēn shǒu	2
157	风餐露宿	fēng cān lù sù	7
158	风气	fēngqì	2
159	风雨无阻	fēngyǔ wú zǔ	3
160	封闭	fēngbì	9
161	封锁	fēngsuǒ	5
162	峰回路转	fēng huí lù zhuǎn	7
163	奉	fèng	8
164	拂晓	fúxiǎo	3

165	付出	fùchū	9
166	复明	fùmíng	7
167	复信	fùxìn	5
168	复制	fùzhì	10
169	富丽堂皇	fùlì tánghuáng	6
170	赋税	fùshuì	6
171	腹部	fùbù	3
172	馥郁	fùyù	7
		G	
173	改换	gǎihuàn	9
174	改口	gǎi kǒu	5
175	改良	gǎiliáng	10
176	干脆	gāncuì	5
177	擀面杖	gǎnmiànzhàng	5
178	钢琴	gāngqín	6
179	钢铁	gāngtiě	8
180	岗位	gǎngwèi	8
181	高手	gāoshǒu	9
182	稿件	gǎojiàn	5
183	告诫	gàojiè	8
184	歌词	gēcí	8
185	隔绝	géjué	6
186	跟随	gēnsuí	8
187	更换	gēnghuàn	2
188	公众	gōngzhòng	2
189	沟壑	gōuhè	7
190	沟通	gōutōng	2
191	姑且	gūqiě	10
192	孤独	gūdú	9
193	古怪	gǔguài	6
194	古人	gǔrén	4
195	股票	gǔpiào	2
196	鼓	gǔ	2
197	故	gù	2
198	雇	gù	5
199	固定	gùdìng	2
200	固执	gùzhi	3
201	乖僻	guāipì	6
202	怪异	guàiyì	4
203	拐杖	guǎizhàng	7
204	管不着	guǎnbuzháo	5
205	光怪陆离	guāngguài lùlí	4
206	归还	guīhuán	3
207	滚蛋	gǔn dàn	9
208	过分	guòfèn	2
209	过时	guòshí	9
210	过头	guò tóu	5
		H	
211	海市蜃楼	hǎishì shènlóu	4
212	酣睡	hānshuì	3
213	含义	hányì	3
214	寒暄	hánxuān	2
215	罕见	hǎnjiàn	3
216	行	háng	8
217	行当	hángdang	8
218	嚎叫	háojiào	7
219	好不	hǎobù	2
220	好战	hàozhàn	6
221	浩瀚无边	hàohàn wúbiān	9
222	合算	hésuàn	5

223	荷花	héhuā	6
224	和尚	héshang	4
225	黑	hēi	5
226	黑马	hēimǎ	5
227	恨意	hènyì	8
228	衡量	héngliáng	10
229	轰隆隆	hōnglōnglōng	4
230	鸿沟	hónggōu	10
231	红润	hóngrùn	7
232	后者	hòuzhě	9
233	蝴蝶结	húdiéjié	1
234	华美	huáměi	6
235	划分	huàfēn	10
236	欢快	huānkuài	9
237	欢天喜地	huān tiān xǐ dì	4
238	欢悦	huānyuè	6
239	患	huàn	3
240	荒诞	huāngdàn	1
241	荒凉	huāngliáng	4
242	荒无人烟	huāng wú rényān	7
243	恍惚	huǎnghū	3
244	回想	huíxiǎng	8
245	毁灭	huǐmiè	10
246	绘	huì	6
247	馄饨	húntun	8
248	浑浊	húnzhuó	1
249	活力	huólì	7
250	火花	huǒhuā	7
251	火热	huǒrè	4
252	伙伴	huǒbàn	1
253	获益	huò yì	9
		J	
254	击掌	jīzhǎng	3
255	极为	jíwéi	4
256	极限	jíxiàn	7
257	给予	jǐyǔ	1
258	计较	jìjiào	2
259	寂寞	jìmò	2
260	架	jià	2
261	假定	jiǎdìng	10
262	假如	jiǎrú	1
263	茧子	jiǎnzi	7
264	健步如飞	jiàn bù rú fēi	7
265	见义勇为	jiàn yì yǒng wéi	5
266	鉴于	jiànyú	10
267	降价	jiàng jià	5
268	降临	jiànglín	9
269	交加	jiāojiā	9
270	交接	jiāojiē	6
271	脚印	jiǎoyìn	4
272	教导	jiàodǎo	8
273	皆	jiē	7
274	接纳	jiēnà	9
275	结尾	jiéwěi	9
276	介意	jièyì	2
277	界	jiè	10
278	界限	jièxiàn	10
279	借款	jièkuǎn	3
280	借助	jièzhù	9
281	藉	jiè	8

339	困阻	kùnzǔ	9

L

340	狼烟四起	lángyān sì qǐ	5
341	朗吟	lǎngyín	6
342	劳累	láolèi	7
343	牢靠	láokào	3
344	老掉牙	lǎodiàoyá	9
345	老头子	lǎotóuzi	1
346	潦倒	liáodǎo	3
347	乐趣	lèqù	8
348	乐意	lèyì	5
349	磊落	lěiluò	3
350	泪珠	lèizhū	6
351	离奇	líqí	4
352	历程	lìchéng	7
353	立法	lì fǎ	10
354	帘	lián	3
355	嘹亮	liáoliàng	9
356	劣	liè	10
357	领略	lǐnglüè	6
358	流动	liúdòng	4
359	隆起	lóngqǐ	3
360	垄断	lǒngduàn	5
361	笼罩	lǒngzhào	1
362	鹿	lù	1
363	绿草如茵	lǜ cǎo rú yīn	7
364	伦理	lúnlǐ	10
365	逻辑	luójí	10
366	落地生根	luò dì shēng gēn	3
367	骆驼	luòtuo	4

M

368	埋头	máitóu	8
369	满心	mǎnxīn	1
370	忙不迭	mángbùdié	5
371	茫然	mángrán	6
372	毛线	máoxiàn	6
373	没趣	méiqù	9
374	枚	méi	7
375	眉头	méitóu	1
376	煤油	méiyóu	8
377	美誉	měiyù	8
378	妹子	mèizi	1
379	蒙	méng	6
380	萌动	méngdòng	7
381	梦境	mèngjìng	2
382	迷惑	míhuò	2
383	迷路	mí lù	4
384	谜底	mídǐ	1
385	谜语	míyǔ	1
386	密林蔽日	mì lín bì rì	7
387	绵长	miáncháng	3
388	免	miǎn	6
389	面部	miànbù	6
390	面黄肌瘦	miàn huáng jī shòu	7
391	面面相觑	miànmiàn xiāng qù	7
392	面目	miànmù	9
393	灭绝	mièjué	10
394	敏感	mǐngǎn	6
395	鸣	míng	4
396	明摆着	míngbǎizhe	9

455	倾盆大雨	qīng pén dà yǔ	3
456	倾听	qīngtīng	9
457	清晰	qīngxī	5
458	情感	qínggǎn	10
459	顷	qǐng	4
460	穷困	qióngkùn	6
461	求乞	qiúqǐ	8
462	泅	qiú	7
463	区区	qūqū	3
464	屈服	qūfú	7
465	趋	qū	8
466	去处	qùchù	8
467	权	quán	10
468	全然	quánrán	1
469	泉水	quánshuǐ	4
470	劝勉	quànmiǎn	8
471	瘸	qué	7
472	确	què	4
473	逡巡	qūnxún	5

R

474	人为	rénwéi	10
475	人性	rénxìng	8
476	人种	rénzhǒng	10
477	日复一日	rì fù yí rì	9
478	如梦初醒	rú mèng chū xǐng	2
479	如期	rúqī	3
480	如下	rúxià	10
481	茹毛饮血	rú máo yǐn xuè	7
482	若是	ruòshì	4

S

483	涩	sè	1
484	瑟瑟	sèsè	3
485	杀(出)	shā(chū)	5
486	沙场	shāchǎng	9
487	伤害	shānghài	9
488	上述	shàngshù	10
489	少量	shǎoliàng	6
490	设	shè	4
491	设想	shèxiǎng	10
492	涉及	shèjí	2
493	身不由己	shēn bù yóu jǐ	2
494	身轻如燕	shēn qīng rú yàn	7
495	身世	shēnshì	9
496	深切	shēnqiè	3
497	深邃	shēnsuì	1
498	神采奕奕	shéncǎi yìyì	7
499	神话	shénhuà	4
500	神态	shéntài	6
501	神童	shéntóng	6
502	甚	shèn	10
503	慎重	shènzhòng	5
504	升华	shēnghuá	3
505	生母	shēngmǔ	8
506	生气勃勃	shēngqì bóbó	9
507	生殖	shēngzhí	10
508	声称	shēngchēng	10
509	省却	shěngquè	2
510	失恋	shī liàn	6

570	挑战	tiǎozhàn	7
571	童话	tónghuà	6
572	童年	tóngnián	6
573	统	tǒng	4
574	统统	tǒngtǒng	4
575	投身	tóushēn	8
576	突兀	tūwù	2
577	徒步	túbù	2
578	湍	tuān	7
579	退缩	tuìsuō	5
580	褪色	tuì sè	6
581	吞吞吐吐	tūntūntǔtǔ	7
		W	
582	完毕	wánbì	3
583	完满	wánmǎn	8
584	婉妙	wǎnmiào	6
585	汪洋	wāngyáng	4
586	危及	wēijí	10
587	违背	wéibèi	10
588	围拢	wéilǒng	9
589	为难	wéinán	3
590	唯一	wéiyī	3
591	委屈	wěiqu	1
592	为何	wèihé	3
593	未婚妻	wèihūnqī	9
594	畏惧	wèijù	3
595	蔚蓝	wèilán	4
596	乌鸦	wūyā	8
597	无比	wúbǐ	7
598	无偿	wúcháng	5
599	无独有偶	wú dú yǒu ǒu	8
600	无法	wúfǎ	1
601	无非	wúfēi	9
602	无可奈何	wúkě nàihé	8
603	无愧	wúkuì	3
604	无论如何	wúlùn rúhé	1
605	无上	wúshàng	8
606	无限期	wúxiànqī	10
607	无怨无悔	wú yuàn wú huǐ	7
		X	
608	唏	xī	2
609	昔日	xīrì	7
610	夕阳	xīyáng	7
611	袭	xí	3
612	袭	xí	6
613	戏法	xìfǎ	3
614	戏言	xìyán	3
615	细节	xìjié	2
616	吓唬	xiàhu	9
617	下酒	xià jiǔ	9
618	夏日	xiàrì	1
619	仙果	xiānguǒ	7
620	嫌	xián	8
621	显露	xiǎnlù	6
622	险峻	xiǎnjùn	7
623	陷入	xiànrù	10
624	相安无事	xiāng'ān wúshì	5
625	相处	xiāngchǔ	3
626	相关	xiāngguān	10
627	享	xiǎng	8

687	一蹴而就	yí cù ér jiù	9
688	一旦	yídàn	10
689	一诺千金	yí nuò qiān jīn	3
690	一味	yíwèi	8
691	遗忘	yíwàng	3
692	一如既往	yì rú jì wǎng	5
693	一无所有	yì wú suǒ yǒu	6
694	一言既出，驷马难追	yì yán jì chū, sì mǎ nán zhuī	3
695	亦	yì	2
696	抑或	yìhuò	10
697	义气	yìqi	8
698	毅然决然	yìrán juérán	7
699	音符	yīnfú	6
700	音韵	yīnyùn	6
701	引	yǐn	1
702	隐私	yǐnsī	2
703	荧光屏	yíngguāngpíng	2
704	映	yìng	4
705	佣妇	yōngfù	8
706	涌	yǒng	4
707	永恒	yǒnghéng	9
708	用心	yòngxīn	8
709	忧愁	yōuchóu	1
710	忧郁	yōuyù	1
711	幽默	yōumò	2
712	悠悠	yōuyōu	1
713	犹	yóu	8
714	邮筒	yóutǒng	1
715	有限	yǒuxiàn	1
716	予	yǔ	6
717	愚笨	yúbèn	6
718	渔村	yúcūn	7
719	与生俱来	yǔ shēng jù lái	9
720	宇宙	yǔzhòu	2
721	妪	yù	8
722	鹬蚌相争，渔翁得利	yù bàng xiāng zhēng, yúwēng dé lì	5
723	预期	yùqī	6
724	誉为	yùwéi	6
725	缘故	yuángù	4
726	猿啼狼啸	yuán tí láng xiào	7
727	源头	yuántóu	3
728	孕妇	yùnfù	3

Z

729	栽	zāi	4
730	攒	zǎn	3
731	早已	zǎoyǐ	2
732	责怪	zéguài	3
733	增添	zēngtiān	9
734	眨	zhǎ	5
735	眨巴	zhǎba	1
736	辗转难眠	zhǎnzhuǎn nán mián	7
737	杖	zhàng	8
738	障碍	zhàng'ài	9
739	招标	zhāo biāo	5
740	朝不保夕	zhāo bù bǎo xī	7
741	照例	zhàolì	8
742	折光	zhéguāng	4
743	这么着	zhèmezhe	5
744	帧	zhēn	6

附录二　词语辨析索引

第一课

深邃——深刻	提示——提醒	得意——满意
烦恼——苦恼	忧郁——忧愁	嘲笑——讥笑

第二课

不必——未必	实惠——优惠	介意——在意
虚伪——虚假	突兀——突然	迷惑——困惑

第三课

完毕——完结	为难——难为	随意——随便
固执——顽固	无愧——不愧	

第四课

亲身——亲自	缘故——原因	寻常——平常
崇拜——崇敬	怪异——奇怪	

第五课

清晰——清楚	争斗——斗争	可惜——惋惜
绝望——失望		

第六课

古怪——奇怪	束缚——约束	踌躇——犹豫
懊悔——懊恼		

第七课

屈服——服从　　险峻——险恶　　摸索——探索
历程——过程

第八课

完满——完美——完备　　信赖——信任——相信　　回想——回忆

第九课

坦诚——坦然　　漂泊——漂流　　孤独——孤单
最终——最后　　永恒——永远　　恐慌——惊慌
恐慌——恐怖　　强行——强制

第十课

诞生——出生　　延续——延长　　损害——伤害——危害
改良——改进——改善

附录三　语言点索引

第一课

1. 给予
2. 一……一……
3. 副
4. 动词$_1$+也+动词$_1$+不+动词$_2$/形容词
5. 陡然
6. 中+单音节动词

第二课

1. 谈不上
2. 好不
3. 不是……就是……
4. 如此

第三课

1. 不外乎
2. 之类
3. 是否
4. 大+动词
5. 且不说……，就是……也/都……
6. 大为
7. 何足……

第四课

1. 亲身
2. 统/统统
3. 为/被……所……
4. 所谓
5. 称……为……/把……称为……
6. 极为
7. 向来

第五课

1. 不已
2. 这么说
3. 别无
4. 睫毛都不眨
5. 毫不
6. 过头

第六课

1. 被视为
2. ……式
3. 免
4. 予

第七课

1. 比起
2. 无比
3. 非凡
4. （结）了（落），（落）了（结）
5. 枚
6. 一时

第八课

1. 只要……，（就）不愁……
2. 一味
3. 分
4. 照例
5. 不予
6. 不得

第九课

1. 难免
2. 岂
3. ……之极
4. 无非
5. 从中
6. 交加

第十课

1. 大大
2. 一旦
3. 不妨
4. 姑且
5. 鉴于